Ralph H. Earle & Mark R. Laaser
Wenn Bilder süchtig machen

Zu diesem Buch

Noch vor gar nicht langer Zeit musste jemand, der sich pornografische Bilder verschaffen wollte, mit hochgeschlagenem Mantelkragen zwielichtige Stadtteile mit noch zwielichtigeren Etablissements aufsuchen. Heute hält die Droge Pornografie via Internet Einzug in jedes Büro, jedes noch so respektable Haus. Der sexuelle Adrenalinstoß ist immer nur ein paar Mausklicks entfernt und drängt sich per E-Mail sogar ungebeten auf unsere Bildschirme. Tausende von Männern und Frauen tappen in die Falle und merken erst spät, wie Heimlichkeit und Angst vor Entdeckung sie in ein Doppelleben treiben und ihnen die Fesseln der Sucht anlegen. Auch Geistliche und Christen, die verantwortlich in ihren Gemeinden mitarbeiten, sind gegen diese Epidemie nicht immun. Gerade bei ihnen sind die Auswirkungen sexueller Sucht besonders verheerend.
Earle und Laaser zeigen dank ihrer langjährigen Erfahrung als Berater Wege zur Befreiung auf. Sie gehen den tieferen Ursachen sexuellen Fehlverhaltens auf den Grund und beschreiben anhand der Bibel Grundzüge einer gesunden Sexualität und Intimität. Und sie bieten praktische Hinweise zur Überwindung zerstörerischer Verhaltensmuster.

Die Autoren

Ralph H. Earle ist ein international bekannter Referent und Autor zum Thema «Sexuelle Abhängigkeit». Er ist Direktor der Organisation «Psychological Counseling Services».
Mark R. Laaser hat Hunderte von Sexsüchtigen und ihre Familien betreut, hat Kirchen und Gemeinden beraten und Behandlungsprogramme und Workshops entwickelt. Er ist häufiger Gast in Radio und Fernsehen.
Mark Laaser war früher selbst Direktbetroffener und weiß deshalb sehr genau, wovon er redet und schreibt.

Ralph H. Earle
Mark R. Laaser

Wenn Bilder süchtig machen

Sexuelle Abhängigkeiten erkennen
Falsche Verhaltensweisen loslassen
Seelische Heilung erfahren

Brunnen Verlag · Basel und Gießen

ABCteam-Bücher erscheinen in folgenden Verlagen:

Aussaat Verlag Neukirchen-Vluyn
R. Brockhaus Verlag Wuppertal
Brunnen Verlag Basel und Gießen
Christliches Verlagshaus Stuttgart
Oncken Verlag Wuppertal und Kassel

Bibliografische Information der Deutschen Bibliothek
Die Deutsche Bibliothek verzeichnet diese Publikation in der Deutschen Nationalbibliografie; detaillierte bibliografische Daten sind im Internet über http://dnb.ddb.de abrufbar.

Titel der amerikanischen Originalausgabe: «The Pornography Trap», herausgegeben 2002 von Beacon Hill Press of Kansas City, A division of Nazarene Publishing House, Kansas City, Missouri 64109, USA.

Übersetzung aus dem Englischen: Christian Rendel, D-Witzenhausen

Bearbeitung: Nicole Janke, D-Stuttgart

Die Bibelstellen sind, soweit nicht anders angegeben, der revidierten «Hoffnung für alle» (2002) entnommen.

Umschlag: Michael Basler, D-Lörrach
Foto Umschlag: Corbis, D-Düsseldorf
Satz: Bertschi & Messmer AG, Basel
Druck: Bercker, D-Kevelaer
Printed in Germany

ISBN 3-7655-1355-5

Inhalt

Vorwort von Dr. Samuel Pfeifer

Bilder können süchtig machen. Diese banale Wahrheit hat im elektronischen Zeitalter eine ungeahnte Dimension entwickelt. Pornografische Bilder sind ausgebrochen aus dem Rotlichtmilieu und den miefigen Sexshops. Sie werden frei Haus geliefert, ja oft regelrecht aufgedrängt in unerwünschten Mails – nur noch einen Mausklick entfernt.

Und auf einmal sind Männer und auch Frauen mit diesen Bildern konfrontiert, die sich sonst nie in diesen Bereich begeben hätten, in einer fatalen Kombination von Faszination und Abscheu, von sexueller Erregung und nagenden Gewissensbissen.

Philip Yancey, der bekannte christliche Autor, hat einmal geschrieben: «Keine menschliche Sehnsucht ist mächtiger und schwerer in den Griff zu bekommen. Sex hat eine so starke Brennkraft, dass er das Gewissen, die Versprechen, die Verpflichtungen gegenüber der Familie, den Glauben und alles andere, was ihm im Weg steht, verbrennen kann.»

Immer häufiger treffen wir in der Beratung Familien an, die durch die Internetsucht des Vaters in tiefe Krisen gestürzt werden. Männer erleben die Internetsucht als inneren Krieg, der sie geradewegs zu überwältigen droht und ihr ganzes Leben überschattet.

Ein Beispiel: Die 13-jährige Tochter möchte schnell mit dem Laptop des Vaters ins Internet. Dabei stößt sie auf ein Verzeichnis mit Tausenden von Pornobildern. In ihr bricht eine Welt zusammen. Der bewunderte Vater, der gute Lehrer, der aktive Christ – wie passt das zusammen?! Es kommt zu einem Zusammenbruch, sie weint nur noch, isst nicht mehr, geht nicht mehr zur Schule. Den Laptop wirft sie aus dem dritten Stock. Die ganze Familie ist in einer dramatischen Vertrauenskrise. In dieser Situation erfolgt eine Therapie.

Es vergeht kaum ein Tag, an dem man nicht einen Bericht über neue Fälle von Internet-Pornografie liest: «Porno-Lehrer zu Recht entlassen», «Pornobilder auf Unicomputer – ist der Professor noch tragbar?»

Wie ist es möglich, dass anständige Menschen, Familienväter, äußerlich unauffällige Mitglieder einer Gemeinde, derartige Bilder auf ihre Computer laden, Stunden beim Surfen im Internet verbringen, Unsummen von Geld ausgeben und oft ihre ganze Karriere und ihren guten Ruf riskieren? Die bekannten Fälle sind nur die Spitze eines Eisbergs. Betroffen sind auch die Familien, die Frauen und Kinder dieser Männer. Wie viel Leid ist durch Internet-Pornografie schon entstanden!

Der Cyber-Psychologe John Suler spricht von «toxischer Enthemmung», die ganz entscheidend durch die Anonymität im Internet gefördert werde: «Du kennst mich nicht» und «Du kannst mich nicht sehen.»

Diese Unsichtbarkeit gibt Menschen den Mut, Orte aufzusuchen und Dinge zu tun, die sie sonst nicht tun würden. Man braucht sich nicht darum zu kümmern, wie man aussieht oder wirkt. Was in manchen Bereichen des Lebens wünschenswert wäre – eine Unbeschwertheit ohne Rücksicht auf Konventionen und Erwartungen –, wirkt sich im Bereich der Internetsucht katastrophal aus, weil alle sozialen Hemmungen wegfallen.

Erotische Bilder und Szenen sind Teil unserer Kultur und so weit verbreitet, dass sich kaum jemand derartigen Inhalten entziehen kann. Sexualität als Teil des Menschseins führt bei der großen Mehrzahl von Männern und Frauen zu Reaktionen, die in ihrer sozial angepassten Form durchaus Sinn machen, Lust erzeugen und Beziehungen festigen können. Doch gerade die Erzeugung von Lust birgt in sich auch die Gefahr der Entgleisung und der Suchtentwicklung. Es kommt zu einer einseitigen Sexualisierung intimer Beziehungsformen, unter weitgehendem Verlust von Würde und Respekt für den Menschen als Ganzes – als Einheit von Körper und Gefühl, von Geist, Seele und Leib in seiner geschöpflichen Anlage.

Mehr noch: Die Bildersucht hat tiefgreifende Auswirkungen auf die geistlichen und moralischen Grundwerte: Die eigentliche Schönheit der Liebe, ihre Zartheit, Leidenschaft, Romantik, Erotik, Hingabe und Geborgenheit – sie wird zertreten in der verrohten Welt der Bilder, der Perversionen, der Reduktion der Sexualität auf die Darstellung des Geschlechtsaktes. Die eigentliche Bestimmung der Liebe, die Gemeinschaft von zwei Liebenden, wird in der Fixierung auf Online-Sex zum Gefängnis der Einsamkeit, dessen einziges Fenster ein Bildschirm ist.

Die Sexualisierung unserer Kultur konfrontiert uns aber auch mit unserem eigenen «Schatten», mit unserem eigenen Umgang mit sexuellen Empfindungen, Fantasien und Vorlieben, mit unseren Mustern von Stimulation, Lust und Triebbewältigung. Das Spannungsfeld von stabilen christlichen Werten und Überzeugungen auf der einen Seite und dem Bedürfnis nach Liebe, Sinnlichkeit und innerem Loslassen auf der anderen Seite wird in den «Knotenpunkten» des Lebens besonders aktuell – in Zeiten von Entwicklungsschritten, Stress, angespannten Beziehungen und beruflicher Überlastung.

Neben den eigenen Anstrengungen um moralische Integrität ist es auch eine Gnade, wenn man nicht in suchtartiger Weise dem Sog von Netzinhalten jeglicher Couleur verfällt. Somit gilt gerade im Anliegen einer moralischen Wertung von pathologischer Internetsucht das Wort Jesu: «Wer von euch ohne Sünde ist, der werfe den ersten Stein.»

Man könnte vielleicht einwenden, es sei typisch, dass Christen sich mit der Thematik sexueller Sucht auseinander setzten und sozusagen eine neue Form der Leib- und Lustfeindlichkeit entwickelten. Doch das Problem der Internetsucht beschäftigt längst auch klinische Therapeuten ohne christlichen Hintergrund. Hier gilt nicht mehr die Trennlinie zwischen christlich und weltlich, sondern die Not der betroffenen Menschen und ihrer Familien.

Nennen wir nur einige Wertkonflikte: Isolierende Cyber-Einsamkeit oder beziehungs-stabilisierende Gemeinschaft im realen Leben – kurzfristige Befriedigung oder langfristige Integrität – individuelle Lust oder Beziehungsökologie (Jürg Willi) – Doppelmoral oder Würde, Respekt und Einfühlung. Die therapeutische Erfahrung zeigt uns immer wieder: Grenzenlosigkeit ist destruktiv, doch gerade der bewusste Verzicht erhöht die Genussfähigkeit. Eine beziehungs-stabilisierende Beratung ist nicht lustfeindlich, aber sie betont eine systemische Sicht, die Lustgefühle in die Gesamtheit der Beziehungsgestaltung einbettet.

Gibt es einen Weg aus dem Teufelskreis der Bildersucht? Kann sexuelle Lust wieder in gesunde Bahnen gelenkt werden? Können zerbrochene Beziehungen wieder heil werden?

Die Autoren dieses Buches versuchen Antworten zu geben und gangbare Wege aufzuzeigen. Marc Laaser kennt den Weg der inneren Erneuerung aus seinem eigenen dramatischen Erleben. Entstanden ist ein Buch, das nicht von moralischer Entrüstung lebt, sondern vielfältige Hintergrundinformation verbindet mit einem umfassenden Programm der Wiederherstellung für Menschen, die in dieser speziellen Problematik nach Lösungen und Heilung suchen. Dies ist ein Buch nicht nur für Betroffene und ihre Angehörigen, sondern Pflichtlektüre für alle, die als Pastoren oder in der Seelsorge tätig sind.

Dr. med. Samuel Pfeifer
Chefarzt der Psychiatrischen Klinik Sonnenhalde, Riehen, Schweiz
www.samuelpfeifer.com

Einführung

Peter wuchs in den 50er-Jahren in einer Kleinstadt im mittleren Westen der USA auf. Bei einer Veranstaltung mit Billy Graham vertraute er sein Leben Jesus Christus an, und fast unmittelbar danach vernahm er den Ruf in den vollzeitlichen Dienst. Solange er zurückdenken konnte, war sexuelle Aktivität für Peter immer sehr wichtig gewesen. Seit er dreizehn war, hatte er mindestens einmal am Tag masturbiert. Angefangen hatte er damit, als er auf eine Sexzeitschrift seines Vaters gestoßen war. Manchmal masturbierte er sogar zwei- oder dreimal am Tag, besonders dann, wenn er sich einsam fühlte oder seine Eltern Streit miteinander hatten. Während seiner High-School-Zeit war die Selbstbefriedigung für ihn das Ventil, um Spannungen loszuwerden.

Dann ging Peter auf ein christliches College und verliebte sich in Doris. Während des Studiums tauschten Peter und Doris intensive Zärtlichkeiten in Form von Petting aus, machten aber vor dem Geschlechtsverkehr Halt. Den wollten sie sich für die Ehe aufsparen. Indessen masturbierte Peter weiterhin regelmäßig und entdeckte schließlich auch pornografische Filme im Fernsehen und Telefonsex. Niemand wusste, dass er sich mit solchen Aktivitäten beschäftigte.

Nach dem Abschluss des Colleges heirateten Peter und Doris, und Peter beschloss, auf ein theologisches Seminar zu gehen. Während ihrer ersten gemeinsamen Monate waren die beiden vollauf beschäftigt und sehr glücklich. Doris unterrichtete in einer Schule, und Peter ging aufs Seminar und hatte nebenher eine Teilzeitstelle als Jugendpastor. Hie und da hatte Doris das Gefühl, als ob Peter mit einer Schülerin flirtete, aber sie sagte sich, dass sie sich das vermutlich nur einbildete. Doch ihre schlimmsten Befürchtungen bestätigten sich, als Peter von seinem vorgesetzten Pastor zur Rede gestellt wurde: Zwei Elternpaare hatten sich darüber beschwert, dass Peter ihre Töchter geküsst hatte.

Peter bekannte sich seinem Chef und seiner Frau gegenüber schuldig. Er wurde zeitweilig von seinem Dienst als Jugendpastor entbunden und musste mindestens ein Vierteljahr lang eine Schulung in klinischer Seelsorge besuchen sowie sich einer Einzel- und Ehetherapie unterziehen. Während seiner gemeinsamen Therapiestunden mit Doris erzählte Peter von dem sexuellen Fehlverhalten, das seine Vorgeschichte prägte. Doris war schockiert.

Leider spielen sich solche Geschichten hinter den Türen allzu vieler Pastorenhäuser ab.

Den meisten von uns ist schmerzlich bewusst, dass gegenwärtig eine Epidemie durch unsere Gemeinden geht. Pornografie ist ein Virus, das auch führende Christen im Herzen und in der Seele befällt. Manche von Ihnen werden Kollegen kennen, die davon betroffen sind. Manche von Ihnen werden selbst davon geplagt sein. Kürzlich ergab eine Umfrage in der Zeitschrift *Leadership Journal*, dass fast ein Drittel aller Pastoren Probleme mit Pornografie im Internet haben.

Pornografie im Internet ist der Neuling auf der Bühne, aber sie ist nur eine der Herausforderungen für christliche Mitarbeiter im 21. Jahrhundert. Durch das Internet ist Pornografie leichter zugänglich, erschwinglicher und scheinbar anonymer geworden. Dennoch ist das Grauen davor, von der Ehefrau, der Gemeindesekretärin – oder schlimmer noch, von einem Kind – dabei erwischt zu werden, enorm.

Dieses Szenario vollzieht sich regelmäßig im Leben christlicher Mitarbeiter in aller Welt. Keine Konfession ist davon ausgenommen. Diese Krise ist überkonfessionell! Die Berichte über Geistliche, die sexuelle Beziehungen mit Gemeindegliedern, Mitarbeitern und Leuten außerhalb der Gemeinde unterhalten, häufen sich zusehends. Freilich bedeutet das nicht unbedingt, dass die Zahl der sexuellen Fehltritte zunimmt. Auf jeden Fall aber wird das Problem durch eine immer stärkere

Aufmerksamkeit der Medien beleuchtet, und viel mehr Opfer erzählen ihre Geschichte.

Das Phänomen ist sicherlich nicht neu. Schon die Bibel berichtet davon, wie Simson Prostituierte aufsuchte und eine Beziehung zu Delila unterhielt. Simson wird als der stärkste Mann in der Bibel beschrieben. Doch die Bibel lässt auch keinen Zweifel daran, wer die Oberhand behielt, auch wenn es um die körperliche Kraft ging.

Christliche Mitarbeiter, die ihre Kraft an die Pornografie vergeuden, können Simsons Schwäche und Begierde, die ihn seine geistliche Hingabe, seine Kraft, seine Augen und seine Freiheit kosteten, gut nachfühlen. Dieses Buch enthält solche Geschichten. In ihnen spiegeln sich die realen Szenarien wider, in denen viele Christen heute leben. Die meisten dieser Geschichten aus der Wirklichkeit bleiben dabei verborgen und erzeugen tiefe Ängste und enorme Schuldgefühle. Die vielleicht am häufigsten erzählte Geschichte über die zerstörerische Kraft sexueller Sünde ist die von David. David war ein beliebter König, dessen Affäre mit Batseba (2. Samuel 11,1–12,25) seinen Niedergang einläutete. Um sein sexuelles Fehlverhalten zu vertuschen, ließ er schließlich sogar Batsebas Mann Uria ermorden.

Wir, die Verfasser, sind bisher noch keinem Pastor begegnet, der einen Mord beging, um sein Geheimnis zu wahren. Doch allzu oft führt der Gebrauch von Pornografie in Verbindung mit Selbstbefriedigung zu akuten Depressionen und Selbstmordgedanken.

Salomo mag ein sehr weiser Mann gewesen sein. Doch er konnte nicht ahnen, in welcher Verfassung mancher Christ Jahrhunderte später die Worte lesen würde: «Deine Brüste sind wie junge Zwillinge einer Gazelle, die auf Blumenwiesen weiden» (Hoheslied 4,5). Somit braucht man nicht einmal in einen Sexbuchladen oder ins Internet zu gehen, um etwas zu lesen, das für einen Menschen, der sich sexuell nicht in der Gewalt hat, zur Pornografie werden kann. Paulus, der in einer Zeit allgegenwärtiger sexueller Unmoral lebte, ermahnt die Leser der Bibel, sexuell rein zu bleiben – besonders die Leiter der Gemeinde.

Doch die Kirchengeschichte ist voll von Beispielen von Leitern, die an dieser Stelle ins Straucheln geraten sind. Sexuelle Sünde ist überkonfessionell und zieht sich durch alle Jahrhunderte.

Heute haben viele Gemeinden mit den Auswirkungen zu kämpfen, wenn das sexuelle Fehlverhalten ihres Pastors bekannt geworden ist. Die Medienberichte werden sich weiterhin häufen, wenn die Geschichten von immer mehr führenden Christen an die Öffentlichkeit gelangen. In manchen Staaten der USA ist es eine Straftat, wenn ein Pastor Geschlechtsverkehr mit einem Gemeindeglied hat. Nachdem es früher nur sehr wenige ethische Richtlinien bezüglich des sexuellen Verhaltens gab, ist das Pendel jetzt in die andere Richtung ausgeschlagen, und es gibt für Pastoren ausführliche schriftliche Aufklärungsmaterialien und Schulungsangebote zum Thema Sex am Arbeitsplatz. Beide Verfasser dieses Buches sind seit langem intensiv nicht nur mit der Hilfe für Betroffene befasst, sondern auch mit Gemeinden und christlichen Gruppen über vorbeugende Maßnahmen im Gespräch.

In diesem Buch werden wir versuchen, einige grundlegende Fragen zu beantworten:

- Was ist das Wesen dieser enormen Krise und Herausforderung für die Gemeinde Jesu?
- Was können christliche Mitarbeiter tun, um ihre Gefährdung in diesem Bereich zu minimieren?
- Welche Risikofaktoren begegnen besonders hauptamtlichen christlichen Mitarbeitern, und wie können wir sie erkennen?
- Wie können unsere christlichen Mitarbeiter mit ihren Ehepartnern gesunde sexuelle Erlebnisse genießen?

Was hat die Bibel über Sexualität zu sagen?

In Römer 12,2 ermahnt uns Paulus, uns nicht dieser Welt anzupassen, sondern uns zu ändern, «indem ihr euch von Gott völlig neu ausrichten lasst». Wir können uns mit jedem identifizieren, der damit große Schwierigkeiten hat. Dazu werden wir konkrete Anregungen geben, die wir durch unsere eigenen schmerzlichen Erfahrungen und die der Betroffenen, mit denen wir im Gespräch sind, gewonnen haben. Mark Laaser schreibt als ein Pastor, der unter Sexsucht litt und infolgedessen 1987 seinen Dienst niederlegen musste.

Vielleicht haben Sie Ihre eigenen Erfahrungen in diesem Bereich. Lesen Sie also dieses Buch zunächst als eine Überprüfung Ihres eigenen Lebens. Für viele Gemeindemitarbeiter ist das vielleicht eine ungewohnte Umkehrung ihres normalen Vorgehens. Aber Matthäus 7,3 sagt unumwunden: «Warum siehst du jeden kleinen Splitter im Auge deines Bruders, aber den Balken in deinem eigenen Auge bemerkst du nicht?»

Bitte achten Sie beim Lesen der folgenden Kapitel auf alles, was ein Licht auf Ihr eigenes Leben werfen kann. Ein Beispiel ist die Geschichte eines Pastors, der ein Workaholic war und keine Balance in seinem Leben hatte. George machte vor fünfzehn Jahren seinen Abschluss am Seminar. Er liebte seine Arbeit und fühlte sich von Gott berufen. Während der letzten zwei Jahre entwickelte er Zorngefühle gegenüber einigen seiner Gemeindeglieder. Über diese Gefühle mochte er mit niemandem sprechen. Auch in seiner Ehe gab es starke Spannungen. Seine Frau war der Meinung, die Gemeinde sei ihm wichtiger als seine Familie. So machte er die Erfahrung, dass jeder seiner Versuche, mit ihr über seine Frustrationen zu sprechen, in einen Streit über seine Prioritäten mündete.

George hatte eine charismatische Persönlichkeit. Während er eines Nachmittags am Computer arbeitete, stolperte er über eine pornografische Website und beschloss, nur einmal zwei Minuten lang darin herumzustöbern. Der Schreck fuhr ihm in die Glieder, als er plötzlich merkte, dass er fast zwei Stunden damit verbracht hatte, sich pornografische Bilder im Internet anzuschauen. Es endete damit, dass er sich selbst befriedigte und dann Schuldgefühle und Angst bekam. Er fiel auf die Knie und versprach Gott, nie wieder eine Porno-Site aufzusuchen. Doch schon in der folgenden Woche während der Predigtvorbereitung spielte sich dasselbe wieder ab. Wieder brachte er es im Gebet vor Gott und glaubte, Gott habe ihm vergeben und die Sache werde sich nicht wiederholen. Aber zu seiner Bestürzung wiederholte sie sich nicht nur, sondern entwickelte sich sogar zu einem täglichen Ritual. Und dann wurde eine seiner größten Ängste Wirklichkeit, als eines Nachts seine Frau wach wurde und in sein Arbeitszimmer kam. Entsetzt sah sie auf dem Computerbildschirm zwei Leute, die miteinander Geschlechtsverkehr hatten. Die Offenbarung seines Geheimnisses stürzte George in tiefe Scham. Auf so etwas hatte ihn das Seminar nicht vorbereitet.

Weder George noch seine Frau konnten in jener Nacht gut schlafen – beide fühlten sich isoliert und einsam. Keiner von ihnen wusste, an wen sie sich wenden konnten, um sich helfen zu lassen. Jetzt steckte ihre Ehe richtig in der Krise.

Paulus schrieb in Römer 12,1: «Ich ermahne euch nun, Brüder, durch die Erbarmungen Gottes, eure Leiber darzustellen als ein lebendiges, heiliges, Gott wohlgefälliges Opfer, was euer vernünftiger Gottesdienst ist» (Elberfelder). Wir legen diesen Text so aus: «Gebt eure Augen Gott hin, damit ihr euch im Internet nur Dinge anschaut, die für Gott akzeptabel sind.» Diese Aussage ist für solche, die eine Not empfinden und Ohren haben, um zu hören. Sie bringt die biblische Aussage mit der gegenwärtigen Krise in der Gemeinde Jesu zusammen. Als Pastoren dürfen wir nie vergessen, dass wir irdene Gefäße und als solche anfällig dafür sind, sowohl zu Opfern als auch zu Tätern sexueller Sünde zu werden.

Es gibt eine lange Reihe von Pastoren, die kaum je Alkoholiker werden würden, aber für die Droge Sex anfällig sind. Viele Sexsüchtige sagen, Sex sei ihre hauptsächliche Sucht, auch wenn sie zugleich süchtig nach Alkohol oder einer anderen Substanz sein mögen. Leider enthält die Adam-und-Eva-Geschichte von der Verlockung der verbotenen Frucht eine Dynamik, die die meisten christlichen Mitarbeiter aus eigener Erfahrung kennen. Am vertrautesten ist sie demjenigen, der über Pornografie stolpert.

Cybersex und die ganze Welt der elektronischen Kommunikation öffnen die Tür zur Pornografie weit. Jeder Gemeindemitarbeiter, Pastor und Religionserzieher hat in diesem Bereich Herausforderungen zu bestehen. Wir werden uns mit den Bereichen sexuelle Erregung, sexuelle Ausbeutung und gesunde und ungesunde romantische Impulse beschäftigen. Außerdem werden wir Möglichkeiten aufzeigen, wie Pastoren und Laien damit umgehen können, für die der große technische Boom des Internets zum Schreckgespenst geworden ist.

Das Gute an der Sache ist, dass die gegenwärtige Krise die Internetpornografie betreffend viele von uns dazu zwingt, den tieferen emotionalen und geistlichen Problemen in unserem Leben auf den Grund zu gehen. Alle Formen von Sucht, ob nach Sex oder nach etwas anderem, lassen sich auf Probleme mit Intimität zurückführen – Intimität mit Gott und mit anderen Menschen.

Ralph Earle war einer der Ersten, die diese Dynamik als «Intimitätsfähigkeit» bzw. «Intimitätsunfähigkeit» bezeichnet haben. Dieses Buch befasst sich mit der sexuellen Sünde der Pornografie, der «Pornografiefalle», aber wir werden auch andere Formen sexueller Sünde betrachten. Alle Sünde kann fortschreitend sein, und ihr Lohn kann der Tod sein. Wir können nicht genug betonen, dass das auch für den Umgang mit Pornografie gilt, so harmlos er anfangs auch erscheinen mag. Er wird sich mit hoher Wahrscheinlichkeit mit der Zeit verschlimmern und könnte sogar zu tödlichen Konsequenzen führen.

Wir werden Beispiele von Geistlichen sehen, die sogar zu Sextätern im kriminellen Sinne wurden. Wir werden der Frage nachgehen, wie es kommt, dass gerade so viele Pastoren in eine Lage geraten, in der ihnen Pornografie zum Problem wird. Dabei wird es um Probleme in der Ursprungsfamilie sowie um kulturelle, berufliche, eheliche und familiäre Probleme gehen; um Unausgewogenheiten in der Lebensweise und andere relevante Aspekte der vielschichtigen Ursachenstruktur. Neue Forschungen zeigen uns eine Menge über die neurologische Architektur der Sexualität. Einige der neuesten Daten bezüglich dieser Dynamik werden wir uns anschauen.

Vor kurzem hörten wir einen Vortrag von Dr. H. B. London von *Focus on the Family* vor einer Gruppe von Pastoren, in dem er die zahlreichen Bibelstellen anführte, die uns auffordern, vor der

Sünde, den Gefahren dieser Welt, zu «fliehen». Ja, wir alle müssen vor der Sünde fliehen. Aber diejenigen, die bereits in der Falle der Pornografie gefangen sind, müssen Fluchtwege gezeigt bekommen. Die gute Nachricht ist, dass die Antwort in einer geistlichen Wiederherstellung liegt und dass uns Werkzeuge zur Verfügung stehen, die im Leben und in der Familie eines christlichen Mitarbeiters Entscheidendes bewirken können. Ein großer Teil dieses Buches ist darauf ausgerichtet, gesunde Sexualität als wesentlichen Bestandteil der Antwort zu verstehen.

Wenn Pornografie für Sie eine Herausforderung ist, legen wir Ihnen nahe, die folgenden Kapitel aufmerksam und unter Gebet zu lesen. Wir sind Pastoren. Wir schreiben Ihnen also als Brüder. Bisweilen werden Sie das Bedürfnis haben, das Buch niederzulegen und mit jemandem zu reden. Unser Gebet ist, dass Sie Menschen in Ihrem Leben haben, mit denen Sie gefahrlos sprechen können. Es gibt Hoffnung. Wir beten, dass Ihnen dieses Buch zum Segen werden möge.

1.
«Auf dem Weg zum Seminar ist mir etwas Komisches passiert»

Bob ist ein erfolgreicher Pastor in einer großen protestantischen Kirche. Er ist verheiratet und hat drei Kinder. Seine Frau und er lernten sich auf dem theologischen Seminar ihrer Kirche kennen, und beide stammen aus Familien, die fest im Glauben stehen.

Seit der College-Zeit hatte Bob Probleme mit Pornografie und Selbstbefriedigung. Seine Hoffnung war, dass die Ehe seiner «Lüsternheit» ein Ende machen würde. Doch entsetzt und enttäuscht musste er feststellen, dass der regelmäßige Sex in der Ehe ihn nicht davon abhielt, pornografische Bilder zu betrachten und sich selbst zu befriedigen. In gewissen Abständen tat er «Buße» und versuchte diese Aktivitäten aufzugeben, aber er kehrte immer wieder zu ihnen zurück.

Während der Jahre seines Dienstes hat Bob sich häufig Pornovideos ausgeliehen. Vor kurzem, als in seiner Gemeinde ein Internetanschluss gelegt wurde, entdeckte Bob fasziniert die Pornografie im Internet. Außerdem trieb ihn die Vorstellung um, in einen Salon für «exotische Massagen» zu gehen.

In jeder seiner ersten drei Gemeinden entwickelte Bob intensive emotionale Beziehungen zu mehreren Frauen. In seiner derzeitigen Gemeinde ist er mit der Organistin sogar ein sexuelles Verhältnis eingegangen. Darüber ist er sehr deprimiert, und es fällt ihm überaus schwer, seine Pflichten als Pastor wahrzunehmen. Mit wem er darüber reden könnte, weiß er nicht. Inzwischen fragt sich seine Frau, was mit ihm los ist.

Bob ist ein Pastor, der in die Pornografiefalle tappte und Probleme mit sexueller Sucht bekam. Die Sucht verschlimmerte seine Probleme mit der Pornografie. Inzwischen hat Bob mehrere verschiedene Arten von sexueller Sünde oder sexuellem Fehlverhalten begangen.

Als er mit einer Mitarbeiterin seiner Gemeinde eine sexuelle Beziehung einging, machte sich Bob des sexuellen Missbrauchs schuldig. Schon zuvor war er mehrmals gefährlich nahe daran gewesen, Mitglieder seiner Gemeinde sexuell zu missbrauchen. Dabei begann sein Fall mit einem ganz normalen Pornografieproblem. Damit zeigt er, was passieren kann, wenn das Grundproblem nicht frühzeitig in Angriff genommen wird.

Anhand von Bobs Geschichte lassen sich drei wichtige Begriffe unterscheiden: «sexuelle Sucht», «sexuelle Sünde und sexuelles Fehlverhalten» und «sexueller Missbrauch». Über diese unterschiedlichen Begriffe herrscht in vielen Gemeinden große Unklarheit. Manche gehen zum Beispiel davon aus, dass jede sexuelle Sünde suchtbildend ist.

Einige dramatische Fälle von Pastoren, die sexuelle Beziehungen zu Gemeindegliedern unterhielten, haben in den Medien viel Aufsehen erregt. Während der Anteil der Pastoren, die sexuell sündigen, in der Tat sehr hoch ist, ist sexuelle Sünde nicht automatisch gleichzusetzen mit sexueller Sucht oder sexuellem Missbrauch.

Sexuelle Sucht

Der Begriff «sexuelle Sucht» kam in den 70er-Jahren auf, als man feststellte, dass es zwischen Menschen, die die Kontrolle über ihre sexuelle Aktivität verloren haben, und Alkoholikern Ähnlichkeiten im Verhalten gibt. Es entstanden den Anonymen Alkoholikern ähnliche Selbsthilfegruppen für Sexsüchtige, und Kliniken eröffneten eigene Behandlungseinrichtungen dafür.[1]

Sexuelle Sucht wird definiert als eine pathologische Beziehung zu irgendeiner Form der sexuellen Aktivität.[2] Aus christlicher Perspektive bedeutet «pathologisch» jede sexuelle Aktivität, die nicht Ausdruck der geistlichen und emotionalen Intimität eines Paares ist. Außerdem besteht das Pathologische darin, dass der Sex ein Ersatz für Intimität oder eine Flucht vor Intimität ist.

Wie jede Sucht wird pathologischer Sex völlig unkontrollierbar. Ein Sexsüchtiger möchte gerne aufhören, kann es aber nicht. Christen mögen denken, es sei lediglich eine Frage der Willenskraft, mit einem sündigen Verhalten aufzuhören. Aber die sexuelle Ausschweifung ist für den Süchtigen ein Ausdruck seiner Einsamkeit und seines Zorns. Zum Teil ist eine solche Person rebellisch und fühlt sich dazu berechtigt, ihre Bedürfnisse befriedigt zu bekommen. Insofern steht ein Sexsüchtiger im Krieg mit sich selbst. Ein Teil von ihm möchte aufhören, ein anderer Teil will es nicht.

Im Lauf der Zeit nimmt die sexuelle Aktivität zunehmend bedenkliche Ausmaße an. Die meisten Sexsüchtigen können ihre Sucht bis in die Jugend und sogar in die Kindheit zurückverfolgen.

Diese Verschlimmerung der Sucht bedeutet nicht zwingend, dass die Süchtigen zu immer tieferen Ebenen der Sünde übergehen. Aber sie werden entweder noch mehr von derselben sexuellen Aktivität oder neue Formen der sexuellen Aktivität brauchen, um zum selben Ergebnis oder «High» zu gelangen. Dieser Faktor beruht auf der Anpassungsfähigkeit des Gehirns und wird oft als Toleranz bezeichnet.

Sexuelle Sucht beruht auf Gefühlen echter sexueller Lust. «Lust» ist ein vielfach missverstandenes Wort. Viele Christen gehen davon aus, Lust an sich sei schon etwas Sündhaftes. Doch Lust lässt sich am besten als Gefühl des Verlangens beschreiben. Damit eine Substanz oder ein Verhalten suchtbildend sein kann, muss die Chemie des Gehirns daran beteiligt sein. Gefühle sexueller Befriedigung oder Erregung gehen mit solchen chemischen Vorgängen im Gehirn einher. In sehr elementaren Bereichen des Gehirns laufen starke neurochemische Reaktionen ab, die intensive Genussgefühle erzeugen. Hätte Gott uns nicht so gemacht, würden wir uns nicht fortpflanzen. Es ist ein natürlicher Bestandteil der Schöpfung Gottes.

Das Gehirn wiederum kann sich an jedes Maß neurochemischer Reaktion gewöhnen. Mit der Zeit braucht es dann immer mehr davon, um denselben Genuss zu erzielen.

Wie es bei vielen Süchten der Fall ist, können sexuelle Gefühle auch dazu dienen, vor schmerzhaften Emotionen zu fliehen. Wenn die sexuelle Aktivität neu, aufregend oder gefährlich ist, führt sie zu einer Adrenalinausschüttung, die die Stimmung des Süchtigen hebt. Geht es bei den Gefühlen dagegen mehr um Romantik, Streicheln, Umarmen und das Erlebnis des Orgasmus, können starke Opiate im Gehirn eine entspannende Wirkung herbeiführen. Ein depressiver Süchtiger kann durch sein Suchtverhalten seine Stimmung heben. Ist jemand angespannt oder gestresst, so kann er seine Stimmung dämpfen.

Sexuelle Sucht führt oft zu negativen Konsequenzen. Bei Pastoren liegen diese Konsequenzen zumeist auf der Hand. Sie können dadurch ihre Stellung verlieren oder sind dazu gezwungen, ihren Beruf aufzugeben. Süchtige sind bereit, riesige Geldsummen auszugeben. Wir sind Pastoren begegnet, die Hunderttausende von Dollar für sexuelle Handlungen verbraucht haben. In einem Fall zahlte ein Mann innerhalb eines Monats 75 000 Dollar dafür im Internet.

Ehen können in die Brüche gehen. Die sozialen und juristischen Folgen können schwerwiegend sein. Hauptamtliche christliche Mitarbeiter werden wegen aller möglichen Vergehen festgenommen, von der Inanspruchnahme illegaler Prostitution bis zu sexuellem Missbrauch. In manchen Staaten der USA ist es eine Straftat, wenn ein Pastor mit einem Mitglied seiner Gemeinde sexuell verkehrt. Pastoren können auch zivilrechtlich auf Schadensersatz verklagt werden, wenn sie Sex mit Gemeindegliedern hatten. Wir kennen sogar einen Pastor, der festgenommen wurde, weil er Banken bestohlen hatte, um Prostituierte zu bezahlen. Hinzu kommen die möglicherweise tödlichen körperlichen Folgen. Die Häufigkeit von Geschlechtskrankheiten und AIDS nimmt immer mehr zu.

Dr. Patrick Carnes sagt, Sexsüchtige seien von tiefer Scham erfüllte Menschen, die nicht daran glauben, dass irgendjemand sie wirklich kennt oder mag oder dass es jemanden geben könnte, der ihre Bedürfnisse befriedigen kann. Sex wird zu ihrem wichtigsten Bedürfnis. Für Süchtige steht die sexuelle Aktivität, sei es eine Fantasie oder eine tatsächliche sexuelle Begegnung, als Symbol für Liebe und Erfüllung. Weiter ist Carnes der Ansicht, dass Sexsüchtige sehr abhängig sind, auch wenn sie bisweilen sehr selbstbewusst auftreten.[3]

Die Schamgefühle und die Grundüberzeugungen von Sexsüchtigen führen zu einem zyklischen Suchtverlauf in vier Stadien:[4]

Das erste Stadium beinhaltet die Beschäftigung mit einer Fantasie oder der inneren Vorstellung von einem erwünschten Resultat. Es gibt viele verschiedene Arten von Fantasien, die sich zum Beispiel auf dem sportlichen, dem finanziellen, dem sozialen, dem akademischen oder dem beruflichen Gebiet abspielen. Sexuelle und romantische Fantasien handeln von dem, was wir als ideale sexuelle oder beziehungsmäßige Konstellation betrachten. Solche Fantasien sind nichts Abnormales. Sie können allerdings zum Problem werden, wenn sie unser ganzes Denken gefangen nehmen. In sexuellen oder beziehungsmäßigen Fantasien spielen meist idealisierte Vorstellungen von Per-

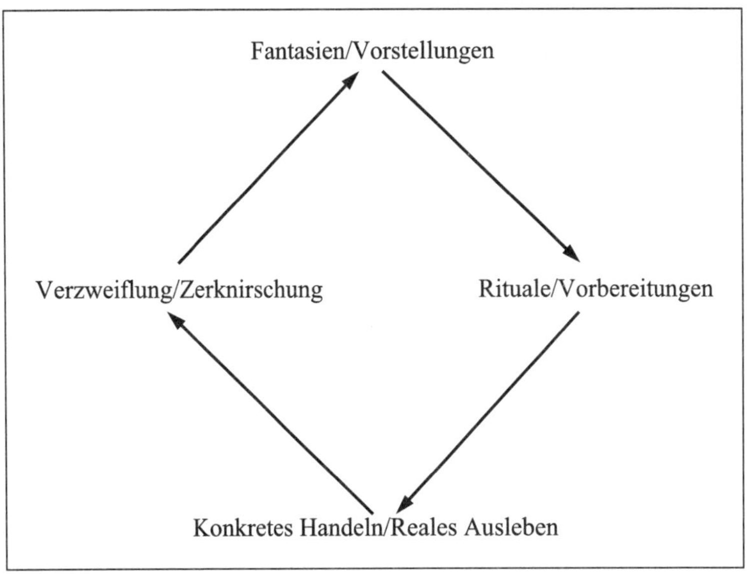

sonen, mit denen wir zusammen sein wollen, eine Rolle. Dazu kann ihr Aussehen gehören, ihre Verhaltensweise, der Ort, wo die sexuellen Aktivitäten stattfinden, und das, was sich sexuell oder romantisch abspielt.

Fantasien können Stimmungen heben oder senken. Sobald wir an aufregende oder neue, vielleicht sogar gefährliche Situationen denken, kann sich unsere Stimmung heben. Wenn wir hingegen an erfüllende Situationen denken, in denen wir uns geborgen fühlten, kann das beruhigend auf uns wirken. Fantasien beinhalten emotionale und geistliche Sehnsucht. Wir sehnen uns nach Erfüllung, Bestätigung und Berührung. Manchmal sehnen wir uns auch nach Kontrolle über Schmerzen aus der Vergangenheit. Manchmal sehnen wir uns danach, die Wut über unsere tiefen Verwundungen herauszulassen. Unsere Fantasien bieten die Möglichkeit, diese Schmerzen in uns zu beheben.

In Matthäus 5,28 sagt Jesus, dass es schon Ehebruch ist, wenn wir eine andere Person lüstern ansehen. Demnach stellen Fantasien nach der Bibel Ehebruch dar, wenn wir uns darin sexuelle oder romantische Beziehungen außerhalb der Ehe vorstellen.

Die Fantasien führen zum nächsten Stadium, den Ritualen. Rituale sind Vorbereitungen, die eine Person trifft, um sexuelle Handlungen auszuführen. Diese Vorbereitungen können geistiger oder praktischer Natur sein.

Zu den Vorbereitungen eines Süchtigen kann es auch gehören, sein Handeln vor sich selbst zu rechtfertigen. Geistliche neigen dazu, höchst interessante Erklärungen für ihr Verhalten vorzubringen. Eines ihrer häufigsten Argumente ist die «Märtyrer-Ausrede», die besagt: «Ich bin ein schwer überarbeiteter Pastor. Ich kümmere mich um alle anderen. Keiner kümmert sich um mich. Und unterbezahlt bin ich obendrein. Ich darf es mir ja wohl mal gönnen, ein paar Bedürfnisse zu befriedigen.»

Auf diese Weise kann ein Gemeindemitarbeiter sogar Mitleid bei anderen erregen, so dass sie sogar dazu bereit sind, alles für ihn zu tun. Eine Form dieser Ausrede kann so lauten: «Meine Frau versteht mich nicht, sie kümmert sich nicht um mich, sie befriedigt meine Bedürfnisse nicht. Was soll ich nur tun?» Manchmal liegt bei Leuten, die diese Ausrede gebrauchen, auch ein verquerer Gedankengang wie der folgende vor: «Wenn ich genug Gutes für Gott und für andere Menschen tue, stört es Gott bestimmt nicht, wenn ich meine persönlichen Bedürfnisse befriedige.»

Eine andere Rechtfertigung lautet: «Es schadet doch niemandem.» Manche Menschen denken, solange niemand weiß, was bei ihnen vor sich geht, dann wird auch niemand dadurch geschädigt. In diesem Licht betrachtet erscheinen Pornografie, Selbstbefriedigung und sogar Prostitution oberflächlich als harmlos. Über die geistigen und geistlichen Auswirkungen wird dabei nie lange nachgedacht. Wir sind sogar Geistlichen begegnet, die der Meinung waren, dass außereheliche Beziehungen niemandem schadeten. Manche dieser Pastoren halten sich sogar für besonders fürsorglich, wenn bedürftige Ehepartner zu ihnen kommen, um sich bei ihren Eheschwierigkeiten helfen zu lassen. So kann sogar die sexuelle Beziehung als ein «Geben» erscheinen.

Eine weitere weit verbreitete Ausrede besteht in einer Nebenform der «Märtyrer-Ausrede». Menschen, die diese benutzen, reden sich ein, die Welt sei nun einmal so sexualisiert und sie hätten unter derart starkem Beschuss durch böse Einflüsse gestanden, dass jeder Widerstand unmöglich gewesen sei. Vielleicht predigen sie dann sogar gegen die Übel unserer Kultur. Wir werden immer ein wenig misstrauisch, wenn Pastoren von der Kanzel allzu eloquent und leidenschaftlich gegen den Sündenpfuhl dieser Welt wettern. Das hört sich oft an, als ob sie sich selbst predigten. Außerdem erweckt es den Anschein, als hofften sie verzweifelt, Gott würde alle sexuelle Versuchung aus der Welt wegnehmen, damit sie nicht mehr solche Mühe damit hätten.

Betreibt ein Pastor mit Gemeindegliedern oder anderen Personen sexuelle Ausschweifung, kann diese Ausrede so weit gehen, dass er der anderen Person die Schuld an seinem Fehlverhalten gibt, weil sie so aggressiv sei. Sexsüchtige und sexuelle Sünder sind gut darin, anderen die Schuld an ihrem Verhalten zuzuschieben.

Sobald jemand sexuelle Sünde vor sich selbst gerechtfertigt hat, wird er nicht lange danach Schritte zum Handeln (das dritte Stadium) einleiten. Das können ganz einfache Schritte sein. Irgendetwas löst bei dem Betreffenden lüsterne Fantasien aus, er rechtfertigt das Nachgeben gegenüber diesen Impulsen, und schließlich schaut er sich heimlich Pornografie an und befriedigt sich selbst.

Manchmal sind die Schritte auch aufwändiger. Nehmen Sie dazu vielleicht das folgende Beispiel: Ein Pastor ist zu Hausbesuchen unterwegs und macht kurz am Geldautomaten Halt. Das Krankenhaus, in dem er Gemeindeglieder besucht, befindet sich in der Nähe eines Stadtteils, in dem es Massagesalons gibt. Da er Herr seiner Zeit und unterwegs ist, um Gottes Werk zu tun und Kranke zu besuchen, wird es niemandem auffallen, wenn er später nach Hause kommt. Und schon ist er in einem der Massagesalons verschwunden.

Rituale, die zu Affären führen, können sehr lang sein. Ein Pastor begegnet einer Frau in seiner Gemeinde und fühlt sich zu ihr hingezogen. Im Laufe der Monate entsteht zwischen den beiden eine Freundschaft, die vielleicht sogar um die Gemeindearbeit kreist. Sie treffen sich zum Mittagessen, unterhalten sich als Freunde und tauschen bald intime Einzelheiten ihres Lebens aus. Schließlich bemerken sie ihre «Seelenverwandtschaft». Was bleibt zwei solchermaßen füreinander bestimmten Liebenden übrig, als miteinander auch die sexuelle Erfüllung zu suchen? Oft spürt man einen gewissen Zorn in ihrer Haltung: «Warum hat Gott nicht dafür gesorgt, dass wir uns früher begegnet sind?»

Da Rituale lang oder kurz sein können, läuft bei den meisten Leuten, die damit zu kämpfen haben, mehr als ein Ritual gleichzeitig ab. Es kann sein, dass sie Fantasien und Gedanken, ein Pornografie-Ritual und mehrere Affären mit verschiedenen Leuten am Laufen haben. Bisweilen «tauschen» sie vielleicht bestimmte Rituale gegen Handlungsweisen aus. Der Gedankengang lässt sich dann so beschreiben: «Ich will eigentlich keine Affäre haben, also werde ich mich heute selbst befriedigen, um meine Versuchung zu einer Affäre unter Kontrolle zu halten.»

Bei dieser Denkweise hält man es für einen großen moralischen Sieg, «nur» masturbiert zu haben, weil man dadurch eine schwerere Sünde vermeiden konnte. Damit wollen wir nicht sagen, dass Selbstbefriedigung als solche falsch oder eine Sünde wäre. Das Wesentliche ist, ob sie mit zwanghaften oder obsessiven Handlungen einhergeht, die eine negative Wirkung auf die gesunde Sexualität oder das geistliche Leben einer Person haben.

Manchmal stellt schon die Erregung, die mit dem Ritual verbunden ist, eine Form des Auslebens dar und kann die Stimmung heben oder senken. Solche Rituale können ein beträchtliches Maß an Zeit und Energie sowie Kreativität in Anspruch nehmen und den eigenen Körper einbeziehen. Das Stadium des praktischen Auslebens kann jede Art von sexuellem Verhalten beinhalten, das zu konkreten sexuellen Handlungen führt.

Das Ausleben führt unvermeidlich ins vierte Stadium – in die Verzweiflung und Zerknirschung. Die Erregung ist abgeklungen, der Reiz ist vorbei, und das Gewissen gewinnt die Oberhand. Carnes konnte herausfinden, dass 71 Prozent der Süchtigen in diesem Stadium sogar Selbstmordgedanken haben.[5]

In diesem Stadium werden viele Versprechungen gegeben, Gebete gesprochen und manchmal verzweifelte Maßnahmen ergriffen, um ein erneutes Ausleben zu verhindern. Manche Sexsüchtigen fügen sich selbst in diesem Stadium Schaden zu, wie etwa der Porno-Süchtige, der sich beide Augen herausriss, weil Jesus gesagt hat: «Wenn dich dein Auge zur Sünde verführt, dann reiß es heraus» (Markus 9,47).

Bisweilen greifen Süchtige an diesem Punkt zu anderen suchtauslösenden Substanzen oder zu weiteren unangebrachten Verhaltensweisen, um das Gefühl der Verzweiflung zu betäuben. Viele Sexsüchtige leiden zusätzlich an anderen Süchten wie Alkoholismus.[6] Geistliche betäuben ihren Schmerz oft mit religiöser Arbeitssucht. Ihre «Treue» und harte Arbeit verschafft ihnen zusätzlich eine Menge Bestätigung.

Doch am Ende kehren Sexsüchtige wieder zu ihren Fantasien zurück, um ihre Einsamkeit zu betäuben. Von hier nahm der ganze Zyklus ja seinen Ausgang. Das Karussell beginnt sich von neuem zu drehen und wird meist mit der Zeit immer zerstörerischer.

In diesem Abschnitt haben wir das Thema Sexsucht nur oberflächlich behandelt. Dies deshalb, weil das, was wir über die Antwort auf das allgemeinere Problem der sexuellen Sünde und Versuchung zu sagen haben, auch für die Sexsucht die Lösung ist. Es gibt Hoffnung. Wir kennen Hunderte von Männern und Frauen, die zu einem nüchternen und treuen Lebensstil zurückgekehrt sind.

Sexuelle Sünde und sexuelles Fehlverhalten

Obwohl die Zahl der sexsüchtigen Geistlichen nicht zu unterschätzen ist, ist die Zahl derjenigen, die auf sexuellem Gebiet sündigen und sich falsch verhalten, noch weitaus größer.[7] Die Begriffe «sexuelle Sünde» und «sexuelles Fehlverhalten» können sich auf dieselben Verhaltensweisen beziehen. Christen nennen etwas Sünde, während die säkulare Welt von Fehlverhalten spricht. Es gibt auch Dinge, die von Christen als unmoralisch betrachtet werden, von der säkularen Welt aber nicht.

Die meisten Menschen, die in diesem Bereich Schwierigkeiten haben, kämpfen mit destruktiven Fantasien, Selbstbefriedigung, Pornografie oder Prostitution. Andere fühlen sich zu in der Medizin gemeinhin so genannten *paraphilen* Verhaltensweisen hingezogen, die zum Teil ausgesprochen perverse und extreme Formen annehmen können. Dazu gehören etwa Exhibitionismus, Voyeurismus, Frotteurismus (unaufgeforderte Berührung anderer Menschen, um ein sexuelles Hochgefühl zu erzielen), Bestialität, obszöne Anrufe und sadomasochistische Verhaltensweisen. Diese Formen sexuellen Verhaltens sind nicht unbedingt Anzeichen für eine Sucht, falls sie sich nicht beständig wiederholen oder außer Kontrolle geraten.

Sexueller Missbrauch

Der Begriff «sexueller Missbrauch» setzt voraus, dass jemand irgendeine Form von Kontrolle ausübt, um an einer anderen Person, die dieser Kontrolle oder Macht ausgeliefert ist, sexuelle Handlungen vorzunehmen.

Macht kann viele Formen annehmen. Wird physische Gewalt angewendet, liegt eine Vergewaltigung vor. Weniger offensichtlich ist die Anwendung emotionaler oder geistlicher Macht. Sie wird deshalb oft nicht ernst genommen. Manche Menschen glauben, dass immer, wenn ein Pastor Sex mit einer Person hat, die unter seinem Einfluss als Pastor steht, eine «Autoritätsvergewaltigung» vorliegt. Das bedeutet, dass das Vertrauen des Gemeindeglieds verletzt und ihm Schaden zugefügt wurde. Da diese Form sexuellen Missbrauchs auch geistliche Auswirkungen hat, beinhaltet sie auch einen geistlichen Missbrauch.

Wie schon gesagt, gilt es in manchen Staaten der USA als Straftat, wenn ein Pastor Sex mit einer erwachsenen Person in seiner Gemeinde hat. Das kann verwirrend sein, weil oberflächlich manche solcher Beziehungen als einvernehmlich erscheinen. Doch die Gesetzgeber gehen heute davon aus, dass es für das Gemeindeglied wegen der Macht der Pastorenrolle nie einvernehmlich sein kann.

Es gibt viele Studien über das Profil von Therapeuten, die ihre Patienten missbrauchen. Über Pastoren, die Gemeindeglieder missbrauchen, wurde noch nicht so viel geforscht.

Da die Rollen eines Seelsorgers und eines Therapeuten viele Ähnlichkeiten aufweisen, wollen wir an dieser Stelle einige dieser Theorien betrachten und versuchen herauszufinden, inwieweit sie auch für christliche Mitarbeiter relevant sein können.

Bedenken Sie dabei, dass das Problem des Machtmissbrauchs nur einen Teil jener Pastoren betrifft, die sexuell sündigen. Allerdings erregt dieses Thema in der Öffentlichkeit viel Aufmerksamkeit und stellt auch ein großes Problem in der Gemeinde Jesu dar.

John Gonsiorek, der Hunderte von Fällen unter Therapeuten und Geistlichen diagnostiziert hat, beschreibt neun Kategorien von Sexualtätern:

1. Der *naive Täter* macht sich keine Gedanken über die ethischen Aspekte seines Handelns und ist nicht dafür gerüstet, sich mit dem Machtgefälle in einer Helfersituation auseinander zu setzen.

2. Der *normale oder leicht neurotische* Täter entwickelt während einer Stressphase seines Lebens allmählich eine romantische Beziehung zu einer abhängigen Person.
3. Der *stark neurotische oder sozial isolierte* Täter zeigt langfristige Persönlichkeitszüge wie Depressionen, Unzulänglichkeitsgefühle, niedriges Selbstwertgefühl und soziale Isolierung. Eine solche Person wird wahrscheinlich wiederholt zum Täter und neigt eher dazu, sich selbst zu bestrafen, als ihr Verhalten zu ändern. Eine solche Person hat unzureichende Grenzlinien.
4. Personen mit *impulsiven Charakterstörungen* praktizieren eine Vielzahl unangebrachter Verhaltensweisen, darunter sogar kriminelle Akte und hemmungslose Handlungen. Aber sie sind nicht heimtückisch und planen ihre Taten nicht.
5. *Soziopathische oder narzisstische* Persönlichkeiten handeln bewusster, heimtückischer und manipulativer. Sie nehmen sich ihre Taten absichtlich vor.
6. *Psychotiker* zeigen Realitätsverlust.
7. *«Klassische» Sextäter* begehen ihre Taten chronisch und wiederholt. Darunter finden sich Pädophile oder andere Arten von Sextätern, und ihr Verhalten kann impulsiv und narzisstisch sein.
8. *Medizinisch Kranke* leiden unter heftigen Stimmungsschwankungen, insbesondere bei der bipolaren Störung (manisch-depressiv), die eine erhebliche Beeinträchtigung des moralischen Urteilsvermögens mit sich bringt.
9. *Masochistische, selbstzerstörerische* Personen leiden unter inneren Konflikten über die Ziehung angemessener Grenzen. Sie geben immer wieder fordernden oder bedürftigen oder gefährdeten Menschen nach.[8]

Diese Kategorien eröffnen uns ein akademisches Verständnis von Sexualtätern. Allerdings lässt sich kaum jemand eindeutig in eine dieser Kategorien einordnen. Unserer Erfahrung nach sind Pastoren selten in den letzten vier Kategorien (6 bis 9) zu finden. Leute, die sich auf den geistlichen Dienst vorbereiten, überstehen meist die Auswahlprozeduren nicht, wenn sie die pathologischen Symptome dieser Kategorien zeigen.

Glen Gabbard von der Menninger-Klinik in Topeka (Kansas) beschreibt vier Haupttypen von Tätern: 1. psychotische Störungen, 2. aggressive Psychopathologien und Paraphilien, 3. Liebeskrankheit und 4. masochistische Unterwerfung.

Die häufigsten Tätertypen unter christlichen Mitarbeitern sind 2. und 3. Unter Liebeskrankheit listet Gabbard Unterkategorien wie die folgenden auf: unbewusster Nachvollzug inzestuöser Wünsche, Wunsch nach mütterlicher Pflege, Ausleben von Rettungsfantasien, Betrachtung von Klienten als idealisierten Versionen des eigenen Ichs und Verwechslung der Bedürfnisse des Therapeuten mit denen des Klienten, Fantasien von der Liebe als Heilmittel, unterdrückte Wut über die beharrliche Vereitelung der therapeutischen Bemühungen durch den Klienten, Zorn gegen eine Autorität, manische Abwehr der Trauerreaktion am Ende der Therapie, die Ausnahmefantasie («Ich kann damit davonkommen!»), Unsicherheit über die persönliche männliche Identität, der Klient wird als Transformationsobjekt gesehen, «Zähmung» des «wilden» männlichen Klienten durch die weibliche Therapeutin, Konflikte um die sexuelle Orientierung.[9]

Marie Fortune, die sich auf den Bereich des Missbrauchs durch Geistliche spezialisiert hat, sieht ebenfalls ein Spektrum von geistlichen Tätern. Sie siedelt die Bandbreite zwischen «Irrläufern» und «sexuellen Räubern» an. Irrläufer sind nach ihrer Definition vorwiegend naiv und übertreten Grenzen, vielleicht ohne zu ahnen, welchen Schaden sie angerichtet haben. Räuber sind Soziopathen und haben kein Gewissen.[10]

Auch Fortune listet Merkmale aller Sexualtäter im geistlichen Bereich auf, die irgendwo innerhalb dieses Spektrums erscheinen: kontrollierend, dominierend, begrenzte Selbsterkenntnis, begrenztes oder nicht vorhandenes Bewusstsein für Grenzziehungsprobleme, kein Gefühl für den Schaden, den sie durch ihr eigenes Verhalten anrichten, schlechtes Urteilsvermögen, begrenzte Impulsbeherrschung, begrenztes Verständnis der Konsequenzen ihres Handelns, oftmals charismatische Personen, einfühlsam, talentiert, inspirierend und wirkungsvoll in ihrem Dienst, begrenztes oder nicht vorhandenes Bewusstsein ihrer eigenen Macht, Mangel an Erkenntnis ihrer eigenen sexuellen Gefühle, Verwechslung von Sex und Zuneigung.

Aufbauend auf der Arbeit von Schoener und Gonsiorek hat Dr. Richard Irons eine archetypische Kategorisierung von Sexualtätern formuliert. Im Blick auf Geistliche beschreibt er die folgenden Kategorien:

1. **Der naive Fürst.** Dieser Geistliche ist meist psychisch gesund, aber nicht gut genug geschult, um Grenzen zu erkennen. Er ist möglicherweise noch neu im Dienst und fühlt sich in der Macht seines Standes unangreifbar. Die passenden Umstände und einen entsprechenden Stresslevel vorausgesetzt, kann eine solche Person ein wenig naiv in romantische oder sexuelle Verwicklungen geraten.

2. **Der verwundete Krieger.** Für diesen Typus wird die Gemeinde zur professionellen Identität. Ein solcher Pastor geht meist in einem herausfordernden Dienst unter und vernachlässigt die Sorge für sein eigenes Wohlergehen. Sein Selbstwertgefühl schöpft er vor allem daraus, dass er anderen dient. Schamgefühle sind für ihn ein zentrales Problem, so dass er seine Bestätigung von außen bezieht, auch in sexueller Hinsicht. Unterdrückte Verletzungen der Vergangenheit geben gegenwärtigen Konflikten zusätzliche Nahrung. Ein solcher Pastor gerät immer mehr in die Isolation, und es kann leicht zu Suchtverhalten kommen.

3. **Der selbstsüchtige Märtyrer.** Ein Geistlicher in dieser Kategorie befindet sich meist in der Mitte oder in der Endphase seiner Laufbahn. Eine solche Person hat ihr Leben dem Dienst für die Gemeinde gewidmet und dafür das persönliche Wachstum und die Familie geopfert. Obwohl ein solcher Pastor selbst von dem Bedürfnis umgetrieben wird, ein perfekter Helfer zu sein, kommt es irgendwann dazu, dass dieser Typus gegen die Forderungen der Gemeinde aufbegehrt. Er fühlt

sich nicht ausreichend gewürdigt und im Stich gelassen. Zorn und Groll führen eine solche Person zu dem Empfinden, Anspruch auf eine Entschädigung zu haben, die sie sich zu verschaffen versucht, indem sie sexuelle Grenzen zum Fehlverhalten überschreitet.
Ein lange geprüfter Märtyrer kann narzisstische Züge entwickeln und sich einreden, er habe von Gott eine ganz besondere Aufgabe zugewiesen bekommen. So gelangt eine solche Person zu der Überzeugung, dass niemand sie wirklich verstehen könne. Das kann zu erheblichen Angstzuständen führen, die den Weg für eine Vielzahl von Süchten bereiten, unter anderem auch für sexuelles Suchtverhalten. Das Verhalten dieser Person kann dann zwanghafte, narzisstische, abhängige oder hysterische Züge annehmen.

4. **Der falsche Liebhaber.** Eine Person in dieser Kategorie strahlt Intensität und starke Dramatik aus. Sie liebt es, Risiken einzugehen, und einen anderen Menschen zu verführen ist für sie ein besonderer Reiz. Ein solcher Mensch kann charmant, kreativ und sehr lebhaft sein und erweckt oft den Eindruck, er sei der beste Pastor, den die Gemeinde je hatte. Der falsche Liebhaber neigt dazu, eine Serie von Liebesbeziehungen zu haben. Sein Lebenslauf ist oft von Scheidungen, Stellenwechseln und anderen sozialen, juristischen und beruflichen Fluktuationen geprägt.

5. **Der dunkle König.** Ein solcher Geistlicher ist am besten als charmant und charismatisch zu beschreiben. Er nutzt seine Macht zum persönlichen Vorteil. Er hat ein starkes Bedürfnis nach Kontrolle und findet meist eine anfällige erwachsene Person, mit der er eine sexuelle Beziehung eingehen kann. Dieser Typus hat meist eine treue Anhängerschar, die ihm loyal ergeben bleibt, auch wenn sein sexuelles Fehlverhalten aufgedeckt wird. Ein dunkler König tut alles, um sich zu verteidigen, und oft gelingt ihm das auch auf überzeugende Weise. Dieser Typus ist selten, ist aber meist derjenige, dem wir in den Mediendarstellungen begegnen.

6. **Der Joker.** Eine solche Person leidet an einer schweren psychischen Störung. Der Joker versucht, seine Krankheit durch sexuelle Handlungen in den Griff zu bekommen, aber nicht durch ein berechenbares Verhaltensmuster oder Ritual. Er kann sehr religiös wirken und auch ein echtes geistliches Leben haben.[11]

Diese Bewertungstheorien basieren meist auf der Untersuchung männlicher Täter, da die Täter zumeist Männer sind. Außerdem wird sexuelles Fehlverhalten von Frauen von Männern weniger negativ bewertet.

Frauen können in allen Konfessionen Macht- und Autoritätsstellungen bekleiden, auch wenn sie nicht als Pastorinnen ordiniert sind. Wir leben in einem kulturellen Klima, in dem Frauen zu mehr sexueller Freimütigkeit ermutigt werden. Unsere persönliche Erfahrung ist, dass Frauen, die in einer Gemeinde eine einflussreiche Stellung innehaben, für sexuellen Missbrauch durch Gemeindeglieder anfällig sind, aber in geringerem Maße als Männer.

Nur relativ selten begegnet man Personen am schwerwiegenden Ende des Spektrums (etwa dem «dunklen König» oder dem Soziopathen). Weitaus häufiger sind Täter zu finden, die naiv, jung, unaufgeklärt oder unerfahren sind. Auch Täter im mittleren Bereich des Spektrums mit verschiedenen belastenden Faktoren im persönlichen und emotionalen Bereich sind häufiger anzutreffen.

Die Begriffe sexuelle Sünde, sexuelle Sucht und sexueller Missbrauch wurden in diesem Kapitel sehr ausführlich behandelt, weil diese Unterscheidungen wichtig sind. Eine genaue Einschätzung dessen, womit wir es zu tun haben, wird uns helfen, die richtigen Maßnahmen zu erkennen. In unseren Gemeinden müssen wir alle zu einem besseren Verständnis dieser Verhaltensweisen gelangen.

Auch die Bibel enthält Berichte über sexuelle Sünde und sexuellen Missbrauch. Seit Anbeginn der Zeit waren diese Verhaltensweisen ein Problem. Paulus verweist oft auf die sexuelle Unmoral als Indikator für die Rebellion gegen Gott.

In den nächsten beiden Kapiteln werden wir der Frage nachgehen, was Pastoren, Gemeindemitarbeiter und andere Menschen verwundbar für sexuelle Sünde, sexuelles Fehlverhalten und sexuelle Sucht macht und sie sogar zum sexuellen Missbrauch verleiten kann.

2.
Gefährdete Pastoren und Gemeindeglieder

Die meisten von uns sind in einer Familie groß geworden. In einer Familienstruktur sind wir alle miteinander verbunden und beeinflussen uns gegenseitig, ob wir es merken oder nicht.

Nur wenige von uns sind in Bezug auf unsere Ursprungsfamilien objektiv. Therapeuten hören ihre Klienten oft sagen: «Ich hatte eine perfekte Kindheit.» Natürlich gibt es in allen Familien viel Gutes. Aber alle Familien machen auch manches falsch. Leider sind selbst bei den meisten Pastoren, wenn sie über die Stärken und Schwächen der Familien sprechen, aus denen sie stammen, Verleugnung und Rationalisierung an der Tagesordnung. Genau wie jeder andere bringen Pastoren manche Faktoren aus ihrer Kindheit in ihren Beruf mit. Diese Dinge können zu Samen werden, aus denen sexuelle Sünde erwächst. Das Schlimme ist, dass solche Samen im Leben eines Pastors oftmals reichlich Wasser und Dünger vorfinden!

Die Kombination aus Herkunft, Familie, Kindheitstraumata und den Herausforderungen der Pastorentätigkeit kann das irdene Gefäß, das der Pastor ist, äußerst zerbrechlich machen und stark gefährden. Wir alle sind für einen solchen Sturz anfällig. Gerade ein Pastor, der sich völlig sicher ist, dass er Gottes Willen niemals übertreten würde, muss häufig die Entdeckung machen, dass ein solches Denken eine verführerische Falle sein kann.

Indem wir unsere eigene Familienstruktur verstehen lernen und uns damit auseinander setzen, wird es für uns leichter, unsere Identität zu klären. Unsere Familien vermitteln uns die grundlegenden Verhaltensweisen, durch die wir alle Teil der

Gesellschaft werden und lernen, mit anderen Menschen umzugehen. Wenn wir unsere Familien betrachten, erkennen wir die Werte, die Denkvoraussetzungen und die stereotypen Denkweisen, die uns in unserer Familie geprägt haben.

Für diese Auseinandersetzung mit unserer Herkunft und unserem familiären Erbe gibt es auch biblische Vorbilder. Denken Sie zum Beispiel daran, wie wichtig im Alten Testament der Gedanke des «Segens» ist, den der Sohn vom Vater empfängt (siehe 1. Mose 27; Hebräer 11,20).

Vielleicht hilft es Ihnen, ein Schaubild Ihrer Familie zu zeichnen – die meisten Therapeuten nennen es ein «Genogramm». Um diese «Landkarte» zu zeichnen, brauchen Sie einige Symbole. Sie können sich die Symbole aussuchen, aber die folgenden sind inzwischen unter Lebensberatern und Therapeuten allgemein gebräuchlich. Sie werden bemerken, dass Rechtecke für Männer und Kreise für Frauen stehen. Waagerechte Linien stellen Ehen dar, und senkrechte Linien stehen für Kinder. Eine waagerechte Linie mit doppeltem Schrägstrich bedeutet, dass eine Ehe geschieden wurde. Sie können dabei so viele Generationen zurückgehen, wie es der Platz und Ihre Erinnerung zulassen. Sehen Sie es als eine Methode, sich Ihre Familienstruktur «vor Augen zu halten».

□ Männer werden immer durch ein Rechteck dargestellt.

○ Frauen werden durch einen Kreis symbolisiert.

——— Waagerechte Linien stellen eine Ehe dar.

—//— Eine waagerechte Linie mit doppeltem Schrägstrich bedeutet, dass die Ehe geschieden wurde.

| Senkrechte Linien stehen für Kinder. Wenn Sie es ganz genau machen wollen, können Sie das Alter durch die Länge darstellen. Je länger die Linie, desto älter das Kind.

 Ein X in einem Rechteck oder Kreis bedeutet, dass die betreffende Person verstorben ist.

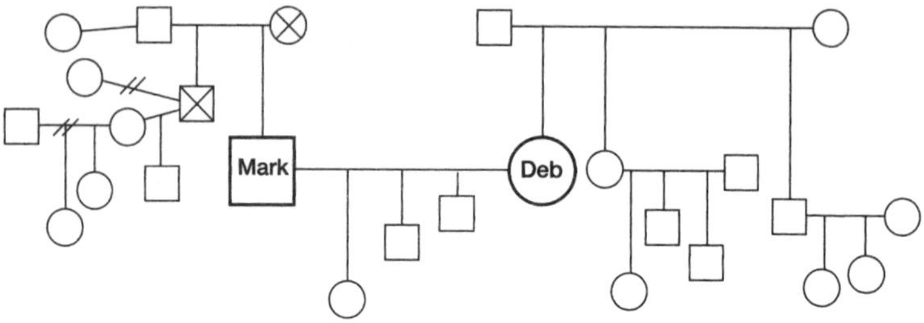

Als Beispiel habe ich das Schema meiner eigenen Familie aufgezeichnet. Die Symbole links oben stellen meinen Vater und meine Mutter dar. Meine Mutter ist verstorben. Mein Vater hat wieder geheiratet. Mein jüngerer Bruder wird durch die kürzere senkrechte Linie dargestellt, die von der waagerechten Verbindungslinie zwischen meinen Eltern nach unten führt. An dem Diagramm erkennen Sie, dass mein Bruder einmal geschieden wurde. Seine zweite Frau war ebenfalls geschieden und hatte zwei Töchter aus ihrer vorherigen Ehe. Dann bekamen mein Bruder und seine zweite Frau noch einen Sohn aus ihrer Ehe dazu. Mein Bruder ist inzwischen verstorben.

Die Eltern meiner Frau Deb werden durch die Symbole oben rechts dargestellt. Deb hat eine Zwillingsschwester und einen älteren Bruder. Sie werden bemerken, dass sie alle verheiratet sind und Kinder haben.

In der Mitte des Diagramms sehen Sie, dass Deb und ich drei Kinder haben: Sarah, unsere Älteste, Jonathan, unser mittleres Kind, und Benjamin, unseren Jüngsten.

Es gibt mehrere Schlüssel, um die Dynamik in einer Familie zu verstehen. Betrachten wir fünf davon:

1. **Grenzen.** Jede Struktur braucht eine gewisse Sicherheit. Sicherheit wird durch Grenzen definiert. Bestimmte Verhaltensweisen sind gesund, andere nicht. Eine sichere Familie lässt schädliche Verhaltensweisen in der Familie nicht zu,

aber sie fördert gesunde Verhaltensweisen. Wenn schädliche Dinge passieren, sind die Grenzen zu locker. Wenn gesunde Dinge nicht passieren, sind die Grenzen zu starr. Grenzen sollten wie ein Zaun sein, der ein wenig flexibel ist, so dass gute Dinge hineinkommen können, schlechte aber draußen gehalten werden. Wenn die Grenzen zu locker sind, regiert das Chaos.
Menschen aus Familien, in denen lockere Grenzen die Norm sind, sehnen sich häufig nach mehr Struktur in ihrem Leben. In Familien, in denen starre Grenzen die Norm sind, sehnen sich die Kinder nach Freiheit. Darum sind manche Leute, die in «streng christlichen Elternhäusern» aufgewachsen sind, eher für Süchte einschließlich sexueller Sucht anfällig.[1]

2. **Kommunikation.** Familien sollten vorleben, wie man ehrlich über seine Gefühle spricht. Manche Familien reden nicht miteinander und akzeptieren nicht, dass tiefere Emotionen überhaupt existieren. Christen können in diese Falle tappen, weil sie manchmal der Auffassung sind, dass «negative» Emotionen wie Zorn, Traurigkeit oder Furcht auf einen Mangel an Glauben hindeuten. Manchmal glauben wir auch, Erwachsene dürften nicht weinen.

3. **Verantwortung/Rechenschaft.** Reife Menschen akzeptieren und bekennen ihre Fehler und Unzulänglichkeiten. Unreife Menschen versuchen, Probleme zu verleugnen, Fehler herunterzuspielen und anderen die Schuld zuzuschieben. Zu einer wirksamen Vorbildfunktion in der Familie gehört, dass man Probleme zugibt, dass man sagt: «Es tut mir leid», und dass man versucht, den verursachten Schaden wiedergutzumachen.

4. **Rollen.** Viele Familientherapeuten benennen verschiedene Rollen, die die Familienmitglieder spielen. Familien haben ihre Helden und Sündenböcke, ihre Leute, die alle Arbeit tun (die Macher), Leute, die Witze reißen, wenn die Spannung überhand nimmt (Maskottchen), Schauspieler, Heilige, Leute,

die Ausreden für andere vorbringen (Komplizen), und Mitglieder, die «verloren» gehen, indem sie so unabhängig erscheinen, dass sie keine Hilfe brauchen. Viele von uns spielen mehrere solcher Rollen.
Eine typische Liste für einen Geistlichen würde die Rolle des Helden, des Heiligen und des verlorenen Kindes beinhalten. Solange sie in diesen Rollen bleiben können, haben sie nie Probleme. In den meisten Gemeindefamilien können wir sehen, wie der Pastor und die Gemeindeglieder weiterhin die Rollen spielen, die sie als Kinder erlernt haben.

5. **Bewältigungsstrategien.** Alle Familien kennen Spannungen und haben ihre Methoden, diese zu bewältigen. Alkohol, Sport, exzessive religiöse Aktivitäten, Rauchen und Kaffeetrinken sind nur einige solcher Bewältigungsstrategien. In Wirklichkeit kann es sein, dass die Familienmitglieder sehr einsam sind und versuchen, dieses Gefühl zu betäuben. Die Substanzen oder Verhaltensweisen, die sie zur Bewältigung einsetzen, können zur Sucht werden.

Als Eltern und/oder Großeltern wünschten wir uns alle, nur die besten Eigenschaften unserer Familien würden an die folgenden Generationen weitergegeben. Sexuelle Fragen sind zweifellos ein fundamentaler Aspekt des Lebens in einer Familie. Leider wird in Familien, sowohl bei Laien als auch bei Geistlichen, kaum jemals über Sexualität gesprochen – über gute wie über schlechte. Körperliche Nähe, Berührung und Austausch von Zärtlichkeiten sind wichtige Kanäle für den Umgang unter Familienmitgliedern und Grundlagen für die Entwicklung einer gesunden Sexualität. Jede Familie muss Informationen über gesunde sexuelle Rollen und Grenzen vermitteln. Mitglieder einer sexuell gesunden Familie gehen respektvoll mit Körperfunktionen und gesunder Berührung um. Eine gesunde christliche Familie spricht offen über sexuelle Fragen und kommuniziert über Sex in einer Sprache, die angemessen ist, ihre moralische Haltung widerspiegelt und dabei hilft, in sexuellen Fragen Entscheidungen zu treffen und Probleme zu lösen.[2]

Sexuelle Unwissenheit ist kein Segen. Gesunde Information muss weitergegeben werden. Dabei ist es gar nicht so einfach, über Sex zu sprechen. In unserer Kultur verwandelt die Vereinigung zweier Menschen in der Ehe die intime Welt ihrer beiden Familien in eine neue Familie. Dieser Übergang geht nicht immer ohne Probleme vonstatten. Meistens machen wir uns die Auswirkungen unserer frühesten Lebenserfahrungen nicht bewusst, solange nicht irgendetwas Traumatisches passiert. So bringen Menschen auch in der Gemeinde ihren «Ballast» in Bezug auf Sex und andere Dinge mit in ihre Partnerschaft.

Die familiäre Dynamik kann für jeden Schwierigkeiten mit sich bringen, auch für Pastoren. Süchte (Arbeit, Sex, Essen, Glücksspiel, Religion und Alkohol), häusliche Gewalt, seelische Grausamkeit, Inzest, Kindesmisshandlung und gestörte Ehen sind nur einige der Herausforderungen, die auch die Familien von Geistlichen betreffen. Betrachten wir einige Situationen, die in der Ursprungsfamilie eines Menschen den Boden für spätere Katastrophen bereiten können.

Jim wuchs in einer Familie auf, die immer in die Gemeinde ging. Nur selten versäumte man die Sonntagsschule, den Gottesdienst, die Jugendgruppe, die Abendandacht oder das Gebetstreffen am Mittwochabend. Auch bei Evangelisationen war die Familie immer dabei. Jims Vater war im Gemeindevorstand, und seine Mutter unterrichtete in der Sonntagsschule. Beide sangen im Chor. Eines Abends, als Jim vierzehn war, konnte er nicht einschlafen und beschloss, noch etwas fernzusehen. Als er ins Wohnzimmer kam, erwischte er seinen Vater, der sich gerade ein Pornomagazin anschaute und sich selbst befriedigte. Sein Vater, der ihn nicht hatte kommen hören, war ebenso schockiert wie er. Er erklärte Jim, das sei das erste Mal, dass er je einen Blick in eine solche Zeitschrift geworfen habe, und bat ihn, niemandem in der Familie etwas davon zu erzählen.

Dieses Versprechen hielt Jim ein. Doch wenig später kaufte er sich selbst ein Pornomagazin und gewöhnte sich an, Pornografie zu nutzen, um sich in Fantasien zu ergehen und sich selbst zu befriedigen. Immer wieder hörte er für mehrere Tage damit auf, doch dann fiel er wieder zurück in das chronische Muster. Als er sechzehn war, masturbierte er bis zu drei oder vier Mal am Tag. Diese Gewohnheit begleitete ihn bis zum College. Jim ging auf ein christliches College und glaubte, mit seinen Professoren oder einem Berater an der Schule nicht darüber sprechen zu können. Uns sagte er, er habe nie jemanden über das Thema reden hören und gefürchtet, vom College verwiesen zu werden. Sein Masturbieren ging auch auf dem theologischen Seminar noch weiter. Als er heiratete, dachte er, nun hätte es mit der chronischen Selbstbefriedigung ein Ende. Doch dann stellte er fest, dass er weiterhin mindestens zwei bis drei Mal am Tag masturbierte. Als er versuchte, dieses Verhalten einzuschränken und weniger zu masturbieren, merkte er, dass er nicht aufhören konnte. Sein tägliches Ritual sei das Aufregendste in seinem Tagesablauf gewesen, sagte er. Als seine Frau einen Stapel Pornomagazine bei ihm entdeckte, bestand sie darauf, dass er sich von einem Fachmann helfen ließ.

Die Familiensystemtheorie hilft uns, Familien zu verstehen, die durch Pornografie in Not geraten. Ein Pastor, der in einer chaotischen Familie aufgewachsen ist, verspürt vielleicht das Bedürfnis, sich an irgendetwas zu klammern, um Geborgenheit zu finden. Das schafft die Grundlage für seine Gefährdung. Eine sehr strenge Familie gibt Anstoß, mit Rebellion und Kontrollverlust zu reagieren.

Da die Familie der primäre Kontext des menschlichen Erlebens ist, ist es für eine sinnvolle Untersuchung der Gefährdung von Pastoren erforderlich, die Familie des Pastors genau unter die Lupe zu nehmen. Generationen übergreifende Ansichten in der Familie, die «Sünden der Väter», die sich auf die folgenden Generationen übertragen, helfen zu verstehen, wie sich sowohl Probleme als auch Lösungen in einer Familie über viele Generationen hinweg entwickeln. Häufig spiegeln sich im gegenseitigen Umgang in einer Familie Muster wider, die von den Vorfahren übernommen wurden. Darum gehört zu jeder therapeutischen Lösung die Auseinandersetzung mit den Problemen in der Ursprungsfamilie des Klienten.

Ebenso wichtig ist es unserer Ansicht nach, Faktoren zu betrachten, die über das Beziehungsgeflecht der Familie hinausgehen, etwa die erweiterte Familie: Geschlechterrollen, die durch Kultur, Religion, Politik und wirtschaftliche Normen vorgegeben sind, sowie Beziehungen zu Gemeindegliedern und kirchlichen Autoritäten.

Alle Familien verändern sich im Lauf der Zeit. Jeder Übergang – Geburt, Schule, Heirat, Scheidung – erfordert eine Veränderung in der Familie. Wenn eine Familie Schwierigkeiten damit hat, den Herausforderungen einer Lebensphase zu begegnen oder in eine neue Phase weiterzugehen, kann es zu einer Krise kommen. Solche Herausforderungen in seiner Ursprungsfamilie und in seiner gegenwärtigen Familie muss ein Pastor verstehen.

Ein Beispiel für diese Dynamik bei vielen Pastoren ist, dass sie manchmal in bestimmten Entwicklungsstadien ihrer Kindheit feststecken. Mit einem Satz: Sie sind nie erwachsen geworden. Das könnte etwa bedeuten, dass solche Pastoren die Verantwortungen des Erwachsenenlebens nicht akzeptieren können oder wollen. Ein Erwachsener mit einer persönlichen, separaten Identität zu werden, ist eine der großen Aufgaben der Entwicklung. Sehr oft begegnen wir Pastoren, die nicht unabhängig sind. Sie tun vielleicht so, als wären sie es, aber in Wirklichkeit sind sie bedürftig und abhängig. Wir kennen viele Gemeinden, in denen ein unreifer Pastor unreifen Menschen vorsteht, und alle spielen untereinander ihre Kindheitsprobleme aus. Waren Sie schon einmal in einer Gemeindeveranstaltung, die Ihnen eher vorkam wie eine Schul-Cafeteria?

Wenn ein Pastor unreif ist, kann es sein, dass er einige Gemeindeglieder oder Mitarbeiter auf ungesunde Weise zu Versorgern werden lässt. Paul zum Beispiel war ein Pastor, der immer noch sehr an der Versorgung seiner Mutter hing und frustriert war, weil seine Frau ihn nicht so sehr umhegte. Dagegen hatte er eine einfühlsame, attraktive Sekretärin, die ihn verwöhnte, wie es seine Mutter getan hatte, und sein Ego aufbaute. Allmählich verbrachte er immer mehr Zeit mit seiner Sekretärin. Manchmal nahmen sie sich auch in den Arm. Es dauerte nicht lange, bis sich diese Umarmungen zu Zärtlichkeiten entwickelten. Zum Glück fühlte sich die Sekretärin deswegen schuldig und kündigte. Pauls eigene Schuldgefühle veranlassten ihn dazu, seiner Frau diese Episode sowie seinen Gebrauch von Pornografie zu offenbaren.

Diese Geständnisse waren zum Teil die Folge seiner Teilnahme an einem christlichen Seminar über sexuelle Grenzen. Sein Doppelleben machte ihm Angst, und er bekannte seine Sünde und bat Gott und seine Frau um Vergebung. Das war ein gewaltiger Weckruf. Seine Frau bestand darauf, dass sie gemeinsam professionelle Hilfe suchten, um zu verstehen, wie er in ein solches Verhalten hatte hineingeraten können. Beide wussten genau, dass sie einander liebten, und beide wollten nicht, dass ihre Beziehung zu Ende ging, sondern dass sie besser wurde.

So begannen sie ihr Leben und ihre Familiengeschichten in der Therapie zu durchleuchten, sowohl jeder für sich als auch gemeinsam.

Einige Aspekte in Pauls Ursprungsfamilie halfen ihm, sein Doppelleben zu verstehen. Paul war schon in der dritten Generation Pastor, und seine Großeltern väterlicherseits waren ausgesprochen stoische Persönlichkeiten gewesen. Sein Vater war ein Pastor, der nie seine Gefühle erkennen ließ. Seine Mutter verwöhnte ihn und schien die Kälte, mit der sein Vater ihm begegnete, wettmachen zu wollen. Paul erinnerte sich, dass ihm als Kind die Art und Weise beider Eltern, mit ihm umzugehen, unangenehm gewesen war. Er hatte zwei Schwestern, die ihm mit viel Zuneigung begegneten, so dass er von den Frauen im Haus sehr gehegt und gepflegt wurde. Bisweilen erstickte ihn all diese herzliche Zuwendung, so dass er die Distanziertheit seines Vaters geradezu genoss. Bald nachdem er Joan geheiratet hatte, merkte er, dass sie nur selten ihre Zuneigung zeigte und eifersüchtig auf die Aufmerksamkeit war, die er von seiner Familie genoss. So gingen sie auf Abstand zu seiner Familie. Von seinem Vater hatte Paul gelernt, wie man seine Gefühle nach innen kehrt. Seine Familie begann ihm zu fehlen, und die Schuld daran gab er Joan.

Er sprach auch mit Joan nie darüber, dass er schon seit seiner frühen Jugendzeit gelegentlich zu pornografischen Bildern masturbiert hatte. Die Kombination von Selbstbefriedigung und Pornografie wurde zu einer übermächtigen Droge in Pauls

Leben, die ihn durchs College, durchs Theologiestudium und durch die Freundschafts- und Verlobungszeit mit Joan hindurch begleitete. Er dachte, wenn er erst verheiratet wäre, würde sein Verlangen nach Selbstbefriedigung und Pornografie nachlassen oder aufhören. Doch schon nach drei oder vier Monaten Ehe hatte sich seine Gewohnheit in alter Regelmäßigkeit wieder eingestellt. Über diesen sündigen Bereich seines Lebens hatte er noch nie mit jemandem gesprochen. Nur Gott hatte er schon oft gebeten, ihn von dieser Gewohnheit zu befreien.

Als zur Pornografie und der Selbstbefriedigung auch noch die sexuellen Handlungen mit seiner Sekretärin kamen, geriet Paul in Depressionen. Seine Verzweiflung blieb Joan und einigen anderen nicht verborgen. Als seine Sekretärin kündigte, wurde ihm klar, dass er vor Joan keine Geheimnisse mehr haben durfte. Auf all diese Aspekte wurde in der Therapie eingegangen.

Auch Joan lernte in ihrer Therapie viel über ihren Hintergrund. In ihrer Familie waren beide Elternteile sehr karg mit Gefühlsäußerungen umgegangen. Leistung wurde belohnt, so dass Joan in ihrer schulischen und akademischen Laufbahn sehr erfolgreich war. Sie bekam von Gemeindegliedern und von Paul viel Bestätigung für ihr Orgelspiel und ihre Leitung eines Frauenbibelkreises. Die leitende Rolle des Ehepaares vermittelte Joan ein gutes Gefühl. Doch sie empfand eine große Einsamkeit in ihrer Ehe. Sie wusste nicht, wie sie ihre Gefühle gegenüber Paul zum Ausdruck bringen konnte. So hielt sie sowohl ihre Liebe als auch ihre Frustration zurück und versuchte ihre Liebe zu Paul auszudrücken, indem sie noch mehr für ihn tat.

In der Paartherapie entdeckten Joan und Paul, dass sie sich beide mehr Zuwendung des anderen in ihrer Beziehung wünschten, über dieses Bedürfnis aber nie miteinander gesprochen hatten. Wie es oft der Fall ist, brachte Pauls Fehlverhalten die beiden zu der Erkenntnis, dass sie noch andere wichtige Defizite im Bereich der Intimität hatten. Paul lernte, seine Gefühle mitzuteilen und sich in dieser Hinsicht von seinem Vater zu unterscheiden. Joan lernte, wie wichtig es ist, seine Gefühle auszudrücken. Sie fanden beide heraus, dass sie ihren Kommunikationsstil verändern konnten und die dysfunktionalen

Kommunikationspraktiken ihrer Familien nicht fortzusetzen brauchten.

Die Rolle der Familienmitglieder bei der sexuellen Gefährdung wird sowohl von Psychotherapeuten als auch von den Verantwortlichen in Kirche und Gemeinde nur unzureichend verstanden. Der Einblick in die Ursprungsfamilie hilft, persönliche Schwierigkeiten zu verstehen und sich selbst vor Rückfällen zu schützen. Christliche Mitarbeiter, die zu Pornografie greifen, haben in ihrer Familiengeschichte oft Faktoren wie Verleugnung, niedriges Selbstwertgefühl, unterdrückte Gefühle, Selbsttäuschungen und einen Mangel an gesunder Sexualerziehung aufzuweisen.

Manche Botschaften aus der Kindheit – wie etwa «Jungen weinen nicht» – können dem erwachsenen Mann Schaden zufügen. Diese Dynamik kann in der Ehe verstärkt werden durch eine Ehefrau, der eingetrichtert wurde, dass Mädchen immer nett sein müssen. Ein häufiges Problem bei christlichen Familien ist die Auffassung, es sei unschicklich, über Sex zu reden, nachzudenken oder Gefühle zu haben. Eine weitere Regel in vielen Pastorenfamilien ist, dass zuerst die Arbeit kommt, und dann viel später, wenn überhaupt, das Vergnügen. Oft wird von dem ältesten Kind verlangt, dass es den jüngeren Geschwistern ein Beispiel gibt. Eine weitere verbreitete Familienregel ist, dass die Familienmitglieder niemals außerhalb des Hauses über ihre Familie sprechen dürfen, denn «es gibt nichts Schlimmeres als Illoyalität gegenüber der eigenen Familie».

Denken Sie an die Regeln, die Ihnen ausdrücklich oder auch ohne Worte vermittelt wurden. Manchmal versuchen Mitglieder einer Familie, unrealistischen Regeln zu entsprechen, was nur zum Scheitern führen kann. Die Folge ist, dass solche Menschen unter Unzulänglichkeitsgefühlen, Schuldgefühlen, Verletzungen, Verlassenheit und Zorn leiden.

Viele Pastoren sind wegen ihrer unterdrückten Emotionen von einer unglaublichen inneren Wut erfüllt. Bevor sie sich mit den unzähligen Problemen befassen können, die die Menschen in ihren Gemeinden betreffen, sind erst einmal einige Reparaturen in ihrem eigenen Leben fällig. Werden diese versäumt, so kommen diese Pastoren oft ans Ende ihrer Kräfte und greifen nach Pornografie oder anderen Strohhalmen, bevor sie damit beginnen, sich zu ändern.

Leider haben Menschen, die in christlichen Elternhäusern aufgewachsen sind, nicht unbedingt immer mehr Zuwendung und mehr das Selbstwertgefühl aufbauende Botschaften empfangen als solche, die in nichtchristlichen Familien aufgewachsen sind. Bestätigung in der Kindheit ist wesentlich für das emotionale Wachstum. Viele christliche Mitarbeiter empfinden, dass sie in ihren Familien nie bedingungslose Liebe empfangen haben, sondern ihnen wurde der Eindruck vermittelt, dass sie hinter dem Willen Gottes und dem Willen ihrer Eltern für ihr Leben zurückbleiben. Wenn ein Pastor in einer strengen Familie groß geworden ist, in der Gottes Gnade nicht ausreichend verstanden wurde, wird er eher dazu neigen, Regeln zu übertreten.

Eine Form, in der sich das äußern kann, ist die, dass er im sexuellen Bereich unangemessene Entscheidungen trifft. Ein weiteres häufiges Problem in solchen Familien sind Zornesäußerungen in der Kommunikation. Wer in einer Familie aufgewachsen ist, in der ein Elternteil ein explosives Temperament hatte, wird oft Probleme haben, mit Zorn in der Ehe und in der Gemeinde richtig umzugehen.

Als Doice heranwuchs, hatten seine Eltern regelmäßig wütende Auseinandersetzungen. Mit etwa zwölf Jahren entdeckte er, dass Selbstbefriedigung ihm eine Möglichkeit bot, das Geschrei seiner Eltern zu vergessen. In der Gemeinde hatte er irgendwann gehört, Selbstbefriedigung sei Sünde. Nun, als Pastor von neunundzwanzig Jahren, empfand er eine große Verwirrung über seine Sexualität. Er fragte sich, ob sein Masturbieren, von dem seine Frau nichts wusste, sowohl eine sexuelle Sünde als auch eine Form von ehelicher Untreue sei. Seine Unfähigkeit, mit dem Masturbieren aufzuhören, verursachte bei ihm wachsende Schuldgefühle.

Als Doice zum ersten Mal auf Pornografie im Internet stieß, fühlte er sich wie das sprichwörtliche «Kind im Bonbonladen». Doch dieser Bonbonladen lieferte ihm einen so starken Adrenalinstoß, dass er von nun an zwischen einer halben Stunde und drei Stunden am Tag damit verbrachte, sich selbst zu befriedigen. Voller Scham ging er dem Thema Sexualität in seiner Jugendgruppe und in seiner Gemeinde aus dem Weg. Zur Krise kam es, als Doices fünfjähriger Sohn ins Zimmer kam, während er pornografische Bilder auf dem Monitor hatte. Sein Sohn schaute zwar gar nicht auf den Bildschirm, aber der Vorfall trieb Doice dazu, sich professionelle Hilfe zu suchen und an seiner Sucht zu arbeiten.

Bei allen Männern und Frauen, die wir behandelt haben und die sexuelle Grenzen überschritten hatten, entdeckten wir Wurzeln für ihr unangemessenes Verhalten in ihren Ursprungsfamilien. Manche dieser Menschen hatten Eltern, die religiöse Fanatiker waren. Unserer Auffassung nach gibt es auch so etwas wie Religionssucht. Eine solche Familie ist besessen von Religion, und eine enorme Anstrengung, religiöse Werte aufrechtzuerhalten, dominiert den ganzen Umgang in der Familie. Von einer Alkoholikerfamilie zum Beispiel unterscheidet sich eine solche Familie nur insofern, als der Alkohol dabei keine Rolle spielt. Alle anderen Verhaltensmuster laufen parallel. Mitglieder einer solchen Familie sprechen nicht über ihre Emotionen.

Die Lehren, die Kinder dabei aufschnappen, beinhalten oft Aussagen über ihr Ich, die später, wenn sie einmal Gemeindemitarbeiter oder Pastoren sind, verheerende Auswirkungen haben können. Hier einige Beispiele:

- «Ich kann mich nicht auf Menschen verlassen, weil Menschen unberechenbar sind.»

In den Ursprungsfamilien vieler Menschen, in denen die Mitglieder zwanghafte Verhaltensweisen zeigten, lernten die Betreffenden, dass Menschen sich von einer Minute zur nächsten völlig verwandeln und unberechenbar reagieren oder explodieren können. Deshalb ist auf Menschen kein Verlass.

Darryl, der als Erwachsener in die Fußstapfen seines Vaters trat, indem er zwanghaft Affären hatte und von Pornografie besessen war, hatte immer Angst vor seinem Vater gehabt, denn dieser war ein Schürzenjäger und hatte ein jähzorniges Temperament. Er habe nie gewusst, wie sein Vater reagieren würde, erzählte uns Darryl. «Wenn ich nur eine Kleinigkeit falsch machte, konnte er in die Luft gehen. Wenn ich etwas richtig machte, konnte es sein, dass er mich trotzdem schlug.»

Diese Unberechenbarkeit erzeugte in Darryl einen Stress, der auch durch seinen Beruf nicht gelindert wurde. Einige jähzornige Mitglieder seines Gemeindevorstands lösten bei Darryl neue Traumata aus, die zum Teil auf die Wutausbrüche seines Vaters zurückzuführen waren. Als Darryl entdeckte, dass er selbst einer der Leute war, auf die er sich nicht verlassen konnte, begann er sich der Realität zu stellen, dass er zugleich Pastor und ein Dr.-Jekyll-und-Mr.-Hyde-Christ war.

- «Ich bin nichts ohne die Anerkennung anderer.»

Leider wurde das, was wir heute Co-Abhängigkeit nennen, oft als vorbildliche christliche Lebensweise gefördert. Der Bibelvers 1. Korinther 8,13 – «Darum: Wenn ich befürchten muss, dass mein Bruder zur Sünde verführt wird, weil ich bedenkenlos Opferfleisch esse, dann will ich lieber mein Leben lang überhaupt kein Fleisch mehr essen, als ihm das anzutun!» – ist häufig missbraucht worden, um eine ungesunde Rücksicht auf andere auf Kosten jeder Rücksicht auf sich selbst zu fördern. Zwischen einem solchen Mangel an Rücksicht auf sich selbst und der Gefährdung durch sexuelle Versuchungen besteht ein direkter Zusammenhang.

- «Wenn die Leute mir nicht nahe kommen, können sie mir auch nicht wehtun.»

Wenn jemand in einer Familie aufgewachsen ist, in der es viel körperliche oder emotionale Aggressivität gab, entsteht dadurch eine Furcht vor Intimität, die oft zu chronischem Gebrauch von Pornografie führt. Dem Betreffenden erscheint es dann ungefährlicher, sich mit Pornografie zu beschäftigen, als echte Menschen an sich heranzulassen.

Martha, Zweitpastorin in einer großen Stadtgemeinde, wurde als Kind ebenso wie ihre Geschwister regelmäßig von ihrem Vater geschlagen und angeschrieen. Sie sagt: «Ich hatte immer Angst davor, körperlich verletzt zu werden. Noch als Pastorin bin ich immer davon ausgegangen, dass die Leute mir wehtun würden, wenn ich ihnen eine Gelegenheit dazu gab.»

Um dem Stress ihrer Arbeit zu entkommen, flüchtete sich Martha in «Softpornos».

- «Ich muss perfekt sein. Wenn ich Fehler mache, gibt es eine Katastrophe.»

Perfektionismus verursacht enormes Leid für viele christliche Mitarbeiter und ihre Ehepartner. «Nicht gut genug sein» ist ein immer wiederkehrendes Thema in Familien im vollzeitlichen Dienst. Die meisten christlichen Mitarbeiter, die sexuelle Grenzen überschreiten, fühlen sich unsicher im Blick auf ihre eigenen Fähigkeiten. Dieser Druck wird durch die unrealistischen Erwartungen, die viele Gemeinden an ihre Leiter richten, noch verstärkt.

- «Wenn ich sage, was ich wirklich brauche und denke, verliere ich die Liebe und Anerkennung anderer.»

Menschen, die in Familien mit schlechter Kommunikation aufgewachsen sind, scheinen sehr stark durch sexuelle Sünde gefährdet zu sein. Allzu häufig haben auch Gemeinden nicht gerade dazu ermutigt, die Wahrheit zu sagen. Wenn Eltern ein Kind nicht zu unabhängigem Denken anhalten, kann das Kind auch keine gesunde Freimütigkeit erlernen.

Diese Lektionen aus der Kindheit sind nur einige Beispiele für die Macht, die Ursprungsfamilien zum Guten wie zum Schlechten ausüben können. Die folgenden Fragen können Ihnen helfen, eine Bilanz Ihrer eigenen familiären Prägung zu ziehen.

- Hatten Ihre Eltern schwere Eheprobleme? Wenn ja, beschreiben Sie, wie sich ihre ungesunde Kommunikation auf Ihr Leben ausgewirkt hat.
- Gab es in Ihrer Familie Geheimnisse, die auch bei Ihnen selbst ein Verhaltensmuster der Täuschung ausgelöst haben?
- War das geistliche Leben in Ihrer Ursprungsfamilie eine gesunde Kraftquelle?
- Erkennen Sie in Ihrer Familie irgendwelche suchtähnlichen Verhaltensweisen?
- Haben Ihre Eltern Sie – durch Worte oder durch ihr Verhalten – gelehrt, anderen zu vertrauen oder nicht zu vertrauen?
- Hatten Sie als Kind die Erlaubnis, Ihre Gefühle zu zeigen?
- Was passierte, wenn in Ihrer Familie jemand Gefühle zeigte?
- Sind Sie im Blick auf Sexualität bewusst erzogen worden? Wenn ja, hat sich diese Erziehung positiv auf Ihr Leben ausgewirkt?
- Wo wünschen Sie sich, dass Ihre eigene Familie Ihrer Ursprungsfamilie ähnlich ist, und wo sollte sie sich von ihr unterscheiden?
- Wenn Sie als Erwachsener sexuelle Grenzen überschritten haben, können Sie irgendetwas davon auf Botschaften oder Erlebnisse aus Ihrer Kindheit zurückführen, die Ihre Sexualentwicklung negativ beeinflusst haben?
- Als Kind wurden Sie gelehrt, Sex als ____________________ zu betrachten. Wie denken Sie heute darüber?
- Wie hat die Sexualität Ihrer Eltern auf Sie gewirkt? Wurde bei Ihnen zu Hause Zuneigung offen ausgedrückt?
- Wenn Sie in einem religiösen Elternhaus aufgewachsen sind, hat die Religiosität Ihr Verständnis einer gesunden Sexualität gefördert? War Selbstbefriedigung in Ihrer Familie oder Ihrer Religion verboten?
- Wurden Sie als Kind jemals sexuell, körperlich oder emotional missbraucht?
- Wurden Sie je beim Masturbieren erwischt? Wenn ja, wurden Sie dafür bestraft?
- Gab es in Ihrer Familie beständiges Chaos, wie es in anderen Familien nicht der Fall zu sein schien?

Gemeindeglieder bringen die Probleme ihrer Ursprungsfamilien mit in die Gemeinde. Die meisten Gemeindemitarbeiter machen die Erfahrung, dass Gemeindesysteme häufig genauso «verrückt» sein können wie die Familien, aus denen sie selbst stammen. Auf diese Weise haben sie ständig Begegnungen, die ihnen enormen Stress verursachen können und sie an das erinnern, was sie schon ihr ganzes Leben lang erlebt haben.

Nur selten gelingt es einem Gemeindemitarbeiter, die Probleme seiner Ursprungsfamilie objektiv zu betrachten, wenn er diese Perspektive nicht in der Ausbildung vermittelt bekommt. Allzu oft wird die Auseinandersetzung mit den Problemen durch eine Krise erzwungen. Der Stress, der durch diese Familienprobleme ausgelöst wird, erzeugt eine tiefe Einsamkeit, die wiederum zur akuten Gefährdung führt. Wenn aus dieser Gefährdung dann tatsächlich sexuelle Sünde entsteht, liegt darin auch eine Chance zur Heilung. Kein Problem erinnert uns deutlicher daran, dass wir wirklich «irdene Gefäße» sind (2. Korinther 4,7), als sexuelle Untreue.

Im nächsten Kapitel gehen wir der Frage der Gefährdung weiter nach, indem wir uns anschauen, wie Familien im Herzen und in der Seele eines Menschen Wunden schlagen können.

3.
Wenn Familien Wunden schlagen

Wir alle sind zerbrechliche Wesen und brauchen Schutz vor Schaden, dazu Liebe, Zuwendung, Bestätigung und gesunde Berührung. Wie im zweiten Kapitel geschildert, fällt es manchen Familien nicht schwer, diese Bedürfnisse zu befriedigen. Bei anderen ist das nicht so. Natürlich ist eine Familie auf diesem Gebiet niemals vollkommen gut oder vollkommen schlecht. Manche unserer Bedürfnisse wurden nicht befriedigt, andere schon. Wenn wir uns das klarmachen, können wir auch anfangen zu verstehen, inwiefern wir von unseren Familien möglicherweise verwundet worden sind. Um unsere Wunden zu verstehen, müssen wir unsere Eltern nicht für schreckliche Monster halten. Meist werden unsere Eltern ihre Sache so gut gemacht haben, wie sie nur konnten. Wahrscheinlich hatten sie mit ihren eigenen Ängsten und Sorgen, mit Einsamkeit oder Unwissenheit zu kämpfen.

Wenn Sie es schaffen, sich eines Urteils darüber zu enthalten, wie schlimm Ihre Familie war, werden Sie die Dynamik, um die es in diesem Kapitel geht, besser erfassen können.

Wie im zweiten Kapitel erörtert, kann die Frage der Sicherheit in Familien an zwei Punkten problematisch werden. Die erste Situation ist die, in der Grenzen überschritten werden. Die zweite ist die, in der Grenzen so starr sind, dass sie gesunde Liebe und Zuwendung verhindern. Familientheoretiker und Suchtexperten unterteilen diese Gegensätze in die Kategorien «Invasion» und «Vernachlässigung». Das kann sich auf verschiedene Aspekte des Lebens beziehen. Veranschaulichen lässt sich diese Einteilung folgendermaßen:[1]

	emotional	körperlich	sexuell	geistlich
Invasion				
Vernach-lässigung				

Diese Tabelle bietet die Möglichkeit, Wunden, die langfristige Auswirkungen haben können, in Kategorien einzuteilen. Hilfreich ist es, wenn wir uns klarmachen, dass diese Kategorien sich überschneiden und sich gegenseitig beeinflussen können. Im Folgenden ist jede der Kategorien kurz beschrieben:

«Emotionale Invasion» geschieht dann, wenn bei uns der Eindruck ausgelöst wird, wir seien schlechte, wertlose Menschen. Das kann eine Folge von Herabsetzung, Kritik, Beschimpfung, Anschreien, Verspotten, Vergleichen, ungesundem Zorn und anderen Ursachen sein. Manchmal kann die Invasion dramatische Formen annehmen, etwa wenn Eltern sagen: «Du bist wirklich blöd!» Manchmal wird Leuten sogar gesagt, sie seien ganz generell «ein Fehler» gewesen.

Weitere Beispiele: Die Mutter eines Pastors war 42 Jahre alt, als er geboren wurde. Er war ein «Unfall», also ein nicht geplantes Kind. Während seiner Kindheit gab ihm seine Mutter jeden Tag auf die eine oder andere Weise zu verstehen: «Ich bereue den Tag, an dem du geboren wurdest.»

Es kann auch sein, dass eine solche Invasion nur beiläufig

ausgedrückt wird, etwa in der Form: «Es überrascht mich nicht, dass du das nicht hingekriegt hast. Solche Sachen konntest du noch nie besonders gut.» Oft werden wir verglichen: «Dein großer Bruder konnte das besser.» Manchmal werden wir auch beiläufig geneckt, aber die Worte schneiden tief in unsere Seele hinein.

Die Botschaft, dass irgendetwas mit uns nicht stimmt, erreicht uns nicht nur in Form von Worten. Manche von uns haben schon so manchen «Blick, der töten könnte» abbekommen, oder man hat mit dem Finger auf uns gezeigt oder seufzend die Augen über uns verdreht. Unsere Eltern oder andere Personen drückten ihr Missfallen zwar nicht direkt aus, aber es kam trotzdem bei uns an. Da die anderen nicht richtig zum Ausdruck bringen, was sie denken oder empfinden, interpretieren wir es so, dass etwas mit uns nicht stimmt, sonst würde so etwas nicht passieren.

Eine emotionale Invasion kann es auch sein, wenn unsere Gefühle als Kinder nicht bestätigt wurden. Manche nennen das geistige Vergewaltigung. Wir sind vielleicht traurig, ängstlich oder wütend, und dann kommt jemand und redet uns unsere Wirklichkeit aus, indem er sagt: «Das ist doch dummes Zeug, was du da empfindest» oder «Große Jungs weinen nicht» oder «Hab keine Angst. Sei ein Mann.»

Wenn wir in einer christlichen Familie aufgewachsen sind, kann die Botschaft sogar so lauten: «Gott hat es nicht gern, wenn du so empfindest.»

Sind unsere Bezugspersonen, beispielsweise Eltern und Lehrer, einsam, kann es sein, dass sie bei uns emotionale Unterstützung suchen. Wir werden zu ihren Vertrauten. Vielleicht gefällt es uns sogar, als so «erwachsen» behandelt zu werden. Wenn unser Gegenüber eines unserer Eltern ist, werden wir zu einer Art Ersatz-Ehepartner. Schon mit zwei, drei oder vier Jahren können wir auf diese Weise zu «erwachsenen» Gefährten für einsame Eltern oder andere Bezugspersonen werden. Vielleicht geben sie uns sogar Bestätigung, indem sie sagen: «Du bist mein ganz besonderer Kumpel, und ich weiß gar nicht, was ich ohne dich machen würde. Ich bin so stolz auf dich.»

Diese Dynamik wird oft als «emotionaler Inzest» bezeichnet.[2] Viele christliche Mitarbeiter sind in einer solchen Beziehung groß geworden und haben so schon früh gelernt, sich um Erwachsene zu kümmern. Dafür haben sie nie erfahren, wie man als Kind eigentlich ist, weil sie schon so früh die Verantwortung für andere übernommen haben.

Emotionale Invasion beschädigt unser positives Selbstwertgefühl. Wir denken, wir seien nichts wert, mit uns stimme etwas nicht. So verlieren wir die Fähigkeit, uns selbst zu bestätigen und uns um uns selbst zu kümmern, und meinen, unser einziger Wert liege in unserer Leistung (die natürlich nie gut genug ist) oder darin, dass wir uns um andere kümmern. «Scham» ist das Wort, mit dem die Gefühlskonstellation bei diesem negativen Selbstwertgefühl oft beschrieben wird.

Scham an sich ist nichts Negatives. Sie kann uns daran erinnern, dass wir unvollkommen sind und einander und Gott brauchen. Ungesunde Scham jedoch suggeriert uns, wir hätten Gottes Liebe und Annahme nicht verdient. Was ist der Unterschied zwischen Schuldbewusstsein und Schamgefühlen? Schuldbewusstsein ist das Wissen, dass wir einen Fehler gemacht haben. Scham ist das Gefühl, dass wir ein Fehler *sind*.

«Emotionale Vernachlässigung» ist die Kehrseite der Invasion und hat in vieler Hinsicht eine noch größere Macht, Scham zu erzeugen. Wir alle brauchen ein gewisses Maß an Bestätigung und Aufmerksamkeit. Wir haben das Bedürfnis, dass andere uns zuhören. Andere Menschen, die älter, weiser und reifer sind, müssen uns zuhören, wenn wir klein sind, und uns helfen, unseren Gefühlen auf den Grund zu gehen. Wir müssen Bestätigung dafür bekommen, dass wir unsere Gefühle ausdrücken, auch wenn wir es unvollkommen tun. Wir müssen gelobt werden, einfach für das, was wir sind, und nicht, weil jemand etwas von uns will oder weil wir den Erwartungen eines anderen gerecht geworden sind.

Diese positive Zuwendung haben viele von uns nicht bekommen. Und das ist schwer zu verstehen, weil wir nicht einmal gemerkt haben, dass wir sie nicht bekamen. Auf diese Weise wachsen wir einsam heran, ohne überhaupt zu wissen, dass wir einsam sind. Wir empfinden Scham, wissen es aber nicht. Wir haben bestimmte Gefühle, aber wir erkennen sie nicht, weil niemand uns dabei geholfen hat, sie einzuordnen. Später im Leben gehen wir dann Beziehungen ein, und dann werfen die Leute uns vor, wir seien gefühllos, und wir haben keine Ahnung, wovon sie eigentlich reden.

«Körperliche Invasion» findet statt, wenn ein Kind im Zorn geschlagen, geohrfeigt oder gar verprügelt wird. Viele Menschen, denen wir begegnen, wurden von ihren Vätern ausgiebig mit dem Gürtel geschlagen. Einer unserer Pastorenfreunde sagt: «Es war, als ob mein Vater dachte, bei mir säße das Gehirn im Hintern, und wenn es nur genug stimuliert würde, würde ich schlauer werden.» Körperliche Invasion kann bleibende Wunden in Form von Ängsten hinterlassen.

Manche von uns sind in Elternhäusern aufgewachsen, in denen andere misshandelt wurden. Auch wenn wir selbst das nur beobachtet haben, können die Auswirkungen auf uns verheerend sein. Diese Erfahrung haben wir gemacht, als die Vietnam-Veteranen nach Hause zurückkehrten. Sie hatten in einer gewalttätigen Zeit und in einer gewalttätigen Kultur gelebt und in einem Konflikt ohne klare Frontlinien gekämpft. Wo immer sie sich befanden, waren sie in Gefahr gewesen. Viele dieser Männer und Frauen litten unter posttraumatischen Stresssymptomen, obwohl sie teilweise gar nicht direkt im Kampfeinsatz gewesen waren. Ebenso sind viele, die bei dem entsetzlichen Angriff auf New York und Washington am 11. September 2001 nur Beobachter waren, bis heute dadurch traumatisiert. Solche Traumata können auch in einem gewalttätigen Elternhaus entstehen.

«Körperliche Vernachlässigung» kann bedeuten, dass unsere Grundbedürfnisse wie Nahrung, Kleidung und Obdach nicht befriedigt wurden. Sie kann auch bedeuten, dass wir oft allein gelassen wurden. In der schwerwiegendsten Form kann sie darin bestehen, dass wir nicht genügend gesunde Berührung bekommen haben. Wir wissen alle, dass neu geborene Babys oft in den Arm genommen werden müssen. Wenn das versäumt wird, gedeihen sie nicht und können sogar sterben. Viele Menschen, mit denen wir zu tun haben, leiden an Berührungsmangel. Auch sie können auf diese Weise nicht gedeihen.

Bei vielen sexuellen Handlungen geht es ebenso sehr darum, berührt zu werden, wie um das volle sexuelle Erlebnis. Ein Pastor erzählte uns, dass er, wenn er zu einer Prostituierten ging, einfach nur im Arm gehalten und berührt werden wollte.

«Sexuelle Invasion» ist ein Thema, das erst in den letzten fünfundzwanzig Jahren richtig beleuchtet worden ist. Dazu gehören Belästigungen und Vergewaltigungen – also ein Eindringen durch irgendeine Form von Gewalt, sei es körperlich, emotional oder spirituell. Viele Menschen sind sexuell missbraucht worden, ohne das selbst so konkret wahrzunehmen. Zum Beispiel kann es sein, dass jemand sein sexuelles Erlebnis mit einem älteren Jugendlichen als sexuelles Experimentieren verbucht hat. Vergessen wir nicht, dass, damit von Missbrauch die Rede sein kann, eine emotionale und spirituelle Wunde zurückbleiben muss. Manche jungen Leute hatten ein sexuelles Erlebnis mit einem Erwachsenen und sahen darin lediglich ein «Übergangsritual». Vor allem männliche Jugendliche betrachten ihre sexuellen Erlebnisse mit älteren Frauen häufig auf diese Weise. Wichtig ist, welche bleibenden Auswirkungen dieses Erlebnis hinterlässt.

Sexueller «Humor» und sexuelle Neckereien können uns schädigen. Neckereien über die Größe, Form oder Attraktivität unseres Körpers können verletzen. Bemerkungen über unser Geschlecht, unsere körperliche Entwicklung (etwa die Menstruation) und unsere persönlichen Merkmale (etwa, wenn ein Junge ein wenig feminin wirkt) können bleibende Narben hinterlassen.

Vergessen dürfen wir auch nicht die schädlichen Auswirkungen, die unsere gegenwärtige Lebenskultur haben kann. Zum Beispiel kann durch die Berührung mit Pornografie bereits in frühem Alter ein lebenslanges Verhaltensmuster entstehen. Wir kennen unzählige Geschichten von Leuten, die irgendwann den «Materialvorrat» eines ihrer Elternteile entdeckt haben. Geschichten und Witze, die wir einander erzählen, darunter viele sexuelle Mythen, können uns ewig im Gedächtnis bleiben.

Wir fragen uns, wie vielen Leuten wohl bewusst ist, dass wir einer sexuellen Invasion durch unsere Kultur ausgesetzt sind. Wenn Sie zum Beispiel Ihren Fernseher einschalten, sehen Sie sich sexuellen Bildern gegenüber, die unaufgefordert in Ihr Leben eindringen. Wenn Sie im Supermarkt an der Kasse stehen und die Titelseiten der Illustrierten anschauen, sehen Sie Bilder, die vor vierzig Jahren noch in der Mittelseite versteckt worden wären. Gehen Sie heutzutage in ein ganz normales Hotelzimmer, und Sie brauchen nur ein paar Knöpfe zu drücken, um harte Pornografie zu sehen. Und schließlich, denken Sie daran, wie viele E-Mails mit sexuellem Inhalt Sie bekommen und wie oft Sie schon über Sexseiten im Internet gestolpert sind.

«Sexuelle Vernachlässigung» bedeutet in erster Linie, dass wir nicht über gesunde Sexualität aufgeklärt wurden und kein entsprechendes Vorbild vorgelebt bekamen. Erinnern Sie sich an die sexuelle Aufklärung, die Sie in Ihrer Jugend erhalten haben? Woher kam sie? Sind Sie zu Hause, in der Schule oder in der Kirchengemeinde aufgeklärt worden? Vielleicht haben Sie auch erst Jahre, nachdem Sie schon Bescheid wussten, ein paar biologische Fakten zu hören bekommen. Die meisten von uns können ein Lied davon singen, wie peinlich es unseren Eltern war, mit uns über Sex zu sprechen.

Wir haben uns mit unzähligen Christen unterhalten, die sich nicht erinnern können, jemals hilfreiche Informationen aus der Gemeinde erhalten zu haben. Dagegen erinnern sich viele nur zu gut an die Einschüchterungstaktiken, bei denen meist Wörter wie «Perversion» und «Unzucht» gebraucht wurden. Von gesunder Sexualität, von *positiven* Gründen für Enthaltsamkeit vor der Ehe und für eheliche Treue war nie die Rede. So wurde Sex zu einem Angstthema gemacht, was bei den meisten von uns vermutlich nur die Neugier auf seine «Geheimnisse» verstärkte.

Ein Bereich, in dem sich die körperliche und die sexuelle Dimension überschneiden, ist der Mangel an gesunder körperlicher Berührung. Wir alle brauchen ein gewisses Maß an körperlicher Berührung in unserem Leben. Unsere Eltern und Bezugspersonen haben die Aufgabe, uns auf gesunde Weise zu berühren. Wenn wir davon nicht genug bekommen, schadet uns das. Oft suchen Menschen die sexuelle Berührung als Ersatz für die gesunde Berührung, die sie eigentlich brauchen. In Familien, in denen es zu wenig positive körperliche Berührungen gibt, kann es sein, dass die Kinder falsche sexuelle Wege einschlagen.

Wo also haben wir etwas über Sex gelernt? Es blieb uns nichts anderes übrig, als unsere Freunde danach zu fragen oder durch Musik, Fernsehen, Filme, Werbung und Zeitschriften, auch pornografischer Art, herauszufinden, was wir konnten. Viele Menschen, mit denen wir sprechen, haben ihre sexuelle Aufklärung aus den Frage-Antwort-Spalten der Zeitschriften bezogen. Wenn Sie sich diese Zeitschriftenforen einmal anschauen, werden Sie sehen, wie viele Mythen über Sex und Moral darin verbreitet werden.

Schwieriger zu definieren ist das, was man als **«geistliche Invasion»** betrachten muss. Es gibt verschiedene theologische Sichtweisen darüber, wie man mit Kindern über Gott und über religiöse Praktiken reden soll. Wird über Religion nur negativ gesprochen, kann das eine schädliche Wirkung auf Menschen haben.

Mark Laaser weiß aus einem Bibelkreis, an dem er und seine Frau teilnahmen, eine Geschichte zu erzählen. Das Gastgeberehepaar hatte eine dreijährige Tochter, die sich bemühte, allein zu spielen und ihre Eltern nicht zu stören. Als die Kleine die Treppe hinunterfiel und sich dabei eine Beule am Kopf holte, nachdem sie versucht hatte, auf dem Geländer hinabzurutschen, sagte die Mutter: «Meinst du, Jesus wollte, dass du auf dem Geländer spielst? Wenn er es gewollt hätte, hätte er bestimmt nicht zugelassen, dass du dir den Kopf stößt.» Solche Unterweisung erzeugt ein auf Angst basierendes Bild von Jesus.

Religiosität kann auch dann invasiv wirken, wenn versucht wird, uns aus religiösen Gründen unsere Gefühle auszureden. Vielleicht haben Sie auch schon Aussagen gehört wie: «Es ist nicht mit dem christlichen Glauben vereinbar, so zu empfinden» oder «Meinst du, dass solche Gedanken Gott gefallen?» Es wird versucht, den Eindruck zu erwecken, als müssten Christen immer fröhlich und gelassen sein. Sobald wir irgendwelche negativen Gedanken und Gefühle haben, meinen wir, es mangle uns an Vertrauen auf Gott und seine Vorsehung. In einer solchen Theologie ist natürlich kein Platz für Probleme, Zorn oder Depressionen. Dabei hatten viele der Hauptgestalten der Bibel mit genau solchen Gefühlen zu kämpfen. Wir Christen dagegen legen an uns selbst einen ganz anderen Maßstab an.

Es kann auch vorkommen, dass die Theologie zwar richtig ist, uns aber im falschen Moment nahe gebracht wird, so dass sie uns dazu bringt, unsere wahren Gefühle zu verleugnen. Vor fünfzehn Jahren vergoss Mark Laaser Tränen bei der Beerdigung seiner Großmutter. Der Pastor legte ihm freundlich den Arm um die Schultern und sagte: «Ich möchte dich an deinen Glauben erinnern. Du wirst deine Großmutter wiedersehen. Also lächle und zeige die Freude, die dir in der Erlösung zuteil geworden ist.»

Nach so einer Aussage weiß man nicht, ob man «Amen» sagen soll oder: «Ich weiß, dass ich meine Großmutter wiedersehen werde, aber darf ich trotzdem heute traurig sein?»

Eine treffsichere Möglichkeit, geistliche Invasion zu erkennen, besteht darin, dass wir uns bewusst machen, dass jede andere Form von Invasion oder Vernachlässigung, bei der die verantwortliche Person für uns die Religion oder gar Gott repräsentiert, eine geistliche Wirkung hat. Wenn zum Beispiel ein Geistlicher mit einem Gemeindeglied ins Bett geht, entsteht dadurch ein erheblicher geistlicher Schaden. Wenn ein Vater oder eine Mutter eine Säule der Gemeinde oder sonst sehr fromm ist, dann kann fast alles, was dieser Elternteil tut, eine sehr starke geistliche Wirkung haben.

Als Therapeuten arbeiten wir mit vielen Menschen, die geistlichen Schaden erlitten haben. Das macht es ihnen sehr schwer, ihr Vertrauen auf einen liebenden und gnädigen Gott zu setzen. Vielleicht können sie sich Gott als liebenden und freundlichen Vater überhaupt nicht vorstellen. Oder sie denken, dass seine Gnade für alle anderen da ist, aber nicht für sie selbst. Wir kennen eine Menge Pastoren, die von der Kanzel die Liebe

Gottes verkündigen, aber im Tiefsten nicht akzeptieren, dass er auch sie selbst liebt.

Ganz Ähnliches lässt sich über **«geistliche Vernachlässigung»** sagen. Wir alle sollten uns fragen, wer in Bezug auf den Glauben unser positives Vorbild war. Es geht nicht darum, ob unsere Eltern oder Bezugspersonen uns mit in die Gemeinde genommen oder zu Hause Andachten gehalten haben oder nicht. Aber haben sie das praktiziert, was sie predigten? Haben sie in ihrem täglichen Verhalten erkennen lassen, woran sie glaubten? Haben sie gesunde Merkmale Gottes widergespiegelt, oder erschienen sie uns als Heuchler?

Obwohl viele von uns in einer Gemeinde aufgewachsen sind und eine stark religiöse Erziehung genossen haben, kann es sein, dass wir nie einen Menschen erlebt haben, der seine Beziehung zu Christus wirklich auslebte. Dann werden wir uns vermutlich fragen, welchen Wert diese Gottesbeziehung hat, wenn sie sich nicht auf das Verhalten eines Menschen auswirkt.

An dieser Stelle möchten wir Sie ermutigen, ein einfaches Gebet zu sprechen und Gott zu bitten, Ihnen die Wunden in Ihrem Herzen und in Ihrer Seele zu zeigen, die noch der Heilung bedürfen. Welche Erinnerungen sind in Ihnen hochgekommen bei den Problemen, die wir angesprochen haben, und bei den Geschichten, die wir erzählten? Wir glauben, dass der Heilige Geist auch durch unsere Erinnerungen zu uns sprechen kann. Es kann sein, dass irgendwo in Ihrem Innern noch tiefe Schmerzen, Zorn, Traurigkeit und Kummer verborgen sind. Diese Gefühle und Erinnerungen haben mit Sicherheit Auswirkungen darauf, wie Sie heute dem Leben begegnen. Es wird immer wieder vorkommen, dass jemand etwas sagt oder tut, was Sie zurückführt zu Ihrer ursprünglichen Verwundung. Hatten Sie zum Beispiel schon jemals das Gefühl, dass Ihre Traurigkeit oder Ihr Zorn eine Überreaktion auf die aktuelle Situation war? Hat Sie schon einmal jemand gefragt: «Warum regst du dich über so eine Kleinigkeit derartig auf?»

Wir alle erleben es, dass Gefühle und Erinnerungen in uns «ausgelöst» werden. Vielleicht ist uns gar nicht bewusst, welche

Wirkung sie auf uns haben. Auf gesunde Weise auf diese Realitäten zu reagieren können wir nur lernen, wenn uns bewusst ist, dass so etwas vorkommen kann. Mit anderen Worten, wir können lernen, unsere Reaktionen zu beherrschen. Auf die Tatsache, dass wir diese Reaktionen spüren werden, haben wir keinen Einfluss.

Im Folgenden haben wir einen «Stachel-im-Fleisch»-Fragebogen vorbereitet. Er enthält eine einfache Liste von Ja-oder-Nein-Fragen, die Ihnen helfen könnte, Ihren eigenen verwundbaren Stellen auf die Spur zu kommen. Das soll kein psychologischer Test sein und auch nicht als Prognose dienen, dass Sie bestimmte Probleme automatisch bekommen werden.

«STACHEL-IM-FLEISCH»-FRAGEBOGEN

1. Sind Sie in einer Familie aufgewachsen, in der Grenzen ein Problem waren?
2. Sind Sie in einer Familie aufgewachsen, in der Gefühle nicht offen ausgedrückt wurden?
3. Haben Leute in Ihrer Familie mit Zorn auf falsche religiöse Antworten reagiert?
4. Gab es in Ihrer Familie sexuellen Missbrauch in irgendeiner Form?
5. Wurde in Ihrer Familie körperlicher Missbrauch praktiziert?
6. Sind Sie in einer Familie aufgewachsen, in der Sie keine Bestätigung bekommen haben?
7. Haben Sie oder andere Ihre Familie als perfekt betrachtet?
8. Erschien Ihnen einer Ihrer Elternteile zornig, einsam, krank oder müde?
9. Hat einer Ihrer Elternteile von Ihnen erwartet, dass Sie sich um ihn kümmern?
10. Gab es in Ihrer Familie Süchte wie Alkoholismus, Arbeitssucht, sexuelle Sucht, Esssucht oder Verschwendungssucht?
11. War einer Ihrer Elternteile häufig von zu Hause weg?

12. Haben Sie eine gesunde Sexualerziehung genossen?
13. Gab es bei Ihnen zu Hause Pornografie oder offene sexuelle Handlungen?
14. Hatten Sie, als Sie heranwuchsen, das Gefühl, dass niemand Sie versteht?
15. Finden Sie, dass die Mitglieder Ihrer Gemeinde Sie schlecht behandeln?
16. Finden Sie, dass Ihre Frau bzw. Ihr Mann Sie nicht versteht?
17. Haben Sie in der geistlichen Unterweisung gelernt, sich auch um sich selbst zu kümmern?
18. Haben Sie manchmal das Gefühl, dass Gott keinen Anteil an Ihnen nimmt oder Ihre Gebete nicht beantwortet?
19. Kommt Ihnen häufig der Gedanke, dass Sie den falschen Beruf haben?
20. Fühlen Sie sich häufig deprimiert oder einsam, wagen es aber nicht, das zuzugeben?
21. Empfinden Sie oft Zorn und Groll?
22. Fühlen Sie sich unfähig, für sich selbst Gemeinschaft zu genießen?
23. Empfinden Sie, dass Sie zwar viele Bekannte, aber keine echten Freunde haben?
24. Wehren Sie sich dagegen, anderen Rechenschaft zu geben?
25. Glauben Sie manchmal, dass Sie ein Doppelleben führen?
26. Finden Sie, dass niemand Sie versteht?
27. Haben Sie viele Belastungen in Ihrer Ehe?
28. Erleben Sie häufig sexuelle Frustration?
29. Fühlen Sie sich oft gelangweilt?
30. Empfinden Sie, dass die Leute Sie nur wegen Ihrer Rolle schätzen?
31. Laden Sie sich ständig den Schmerz und die Sorgen anderer Leute auf, ohne sich mit Ihren eigenen zu befassen, oder kümmern Sie sich um alle anderen, aber nicht um sich selbst?

Diese Fragen helfen Ihnen vielleicht, Ihre eigenen verwundbaren Stellen zu erkennen. Wenn Sie einige Male mit Ja geantwortet haben, sollten Sie vielleicht mit einem Seelsorger darüber sprechen, der in der Lage ist, Ihre Situation bewusster und genauer zu beurteilen.

Im nächsten Kapitel werden wir uns der Frage zuwenden, was gesunde Sexualität ist. Unsere Hoffnung und unser Gebet ist es, dass damit für Sie eine Reise der Selbstwahrnehmung beginnt, die Sie zu einem gesünderen und erfüllteren Leben führt.

4.
Gesunde Sexualität erleben

In den ersten drei Kapiteln dieses Buches haben wir zunächst versucht darzustellen, wie Pastoren und andere Gemeindeglieder anfällig für sexuelle Sünde und Versuchung werden können. Unverheilte Wunden der Vergangenheit können uns einsam und zornig machen. Einsamkeit und Zorn in Verbindung mit unserem normalen Sexualtrieb können in uns die falsche Annahme erzeugen, Sex sei die Antwort auf all unsere Bedürfnisse im Hinblick auf Berührung, Bestätigung und Zuwendung.

Ein Buch wie dieses wäre völlig deprimierend, wenn wir jetzt nicht noch mehr Zeit darauf verwenden würden, den Weg zur Heilung und die Hoffnung auf eine gesunde Sexualität zu skizzieren. Nach unserer Überzeugung müssen Christen gesunde Sexualität verstehen und anstreben. Viele von uns hungern nach *positiven* Gründen, eine heile Sexualität zu erreichen. Junge Leute von heute möchten wissen, warum sie mit dem Sex bis zur Ehe warten sollten. Sie wissen genau, was sie nach Gottes Willen bleiben lassen sollen, aber sie fragen sich, warum.

Zu solchen Fragen dürfen wir nicht schweigen. Wir müssen darüber reden. Nach unserer Überzeugung gibt es viele positive Gründe, warum Gott vorgesehen hat, dass sich die Sexualität nur in der Ehe entfaltet. Welche Gründe sind das?

Am Ende dieses Kapitels werden wir ein Modell umreißen, das helfen kann, eine heile Sexualität aufzubauen. Dieses Modell umfasst fünf Dimensionen. In jeweils einem der folgenden Kapitel werden wir die Bedeutung und die Herausforderungen dieser Dimensionen näher beleuchten. Den Anfang machen wir in diesem Kapitel, indem wir versuchen, die biblische Grundlage für gesunde Sexualität zu verstehen. Wir beten, dass der Rest dieses Buches ein Anreiz für Ihre eigenen Gedanken, Gebete und persönlichen Antworten auf diese große Herausforderung sein wird.

Jeder Mensch wird enttäuscht werden, wenn er glaubt, sexuell treu zu sein hänge davon ab, dass er biologische sexuelle Befriedigung findet. Sex in der Ehe, der sowohl genussvoll als auch erfüllend ist, hängt von viel mehr ab als nur von der biologischen Mechanik der Sexualität. Und das, so glauben wir, hat Gott auch so beabsichtigt. Unserer Meinung nach ist bisher zu viel Gewicht auf den körperlichen sexuellen Akt gelegt worden. Unsere Kultur scheint uns einbläuen zu wollen, ein Leben lang umwerfender Sex sei das Nonplusultra, nach dem wir alle streben müssten. Wenn wir ins Fernsehen schauen, uns Popsongs anhören, den Blick über die Zeitschriftenregale schweifen lassen oder ins Kino gehen, sind wir versucht zu glauben, die ganze Welt sei damit beschäftigt, entweder Sex zu haben oder sich zu überlegen, wie sie besseren Sex haben kann. Nehmen Sie sich einen Moment Zeit und denken Sie darüber nach, mit wie vielen sexuellen Botschaften Sie heute schon konfrontiert worden sind. Bevor wir die biblische Sicht sexueller Gesundheit verstehen können, müssen wir uns bewusst machen, welches Maß an Intimität zwischen einem Ehemann und einer Ehefrau bestehen kann.

Im Alten Testament finden wir einige grundlegende biblische Wahrheiten über die Sexualität. Nach dem Bericht über die Erschaffung des ersten Mannes und der ersten Frau, Adam und Eva, heißt es dort: «Darum verlässt ein Mann seine Eltern und verbindet sich so eng mit seiner Frau, dass die beiden eins sind mit Leib und Seele. Der Mann und die Frau waren nackt, sie schämten sich aber nicht» (1. Mose 2,24–25). Mann und Frau sind füreinander geschaffen, um einander zu helfen. Der Bibel zufolge sündigten Adam und Eva, weil sie nicht bereit waren, Gott zu vertrauen und ihm zu gehorchen. Aus Selbstsucht wurden sie Gott ungehorsam. Selbstsucht und Stolz beinhalten einen wesentlichen Aspekt bei unserer Suche nach der Wahrheit über Sexualität.

Wenn wir von dem Gedanken ausgehen, dass die Verbindung zwischen Mann und Frau etwas so Heiliges an sich hat, dass sie als «eins sein mit Leib und Seele» beschrieben wird – ältere Übersetzungen sprechen von «ein Fleisch sein» –, dann sind wir auf der richtigen Spur. Als Nächstes sollten wir uns an die Lehren der Zehn Gebote erinnern. Wir sollen in der Ehe sexuell treu sein. Wir sollen keinen Ehebruch begehen, und wir sollen den Ehepartner einer anderen Person nicht begehren.

Das ist ein steiler Anspruch, denn wir leben in einer sexuell durchsättigten Kultur und müssen mit unserem eigenen natürlichen, biologischen Verlangen zurechtkommen. Nach unserer Überzeugung hat es mit der geistlichen Haltung und der geistlichen Intimität zwischen einem Mann und einer Frau zu tun, dass es möglich wird, diese Gebote einzuhalten. Entscheidend dafür, dass wir treu bleiben können, ist es, dass wir diese geistliche Haltung und diese geistliche Intimität verstehen.

Wer in der Bibel nach dem Wort «Sex» sucht, wird bald frustriert aufgeben. In der modernen deutschen Übertragung *Hoffnung für alle* kommt immerhin einige Male das Wort «sexuell» vor, aber in der amerikanischen *New International Version* findet sich nur zweimal das Wort «Sex» (1. Mose 19,5 und Richter 19,22). In beiden Fällen bezieht es sich auf die Absicht «böser Männer», Sex mit anderen Männern zu haben. Die Bibel äußert sich jedoch deutlich über die Übel bestimmter Formen sexueller Unmoral. Am bekanntesten ist das siebte Gebot (2. Mose 20,14) mit dem Verbot des Ehebruchs. Jesu Auslegung dieses Gebots in Matthäus 5,28 ist erschreckend für all die unter uns, die sich schon einmal sexuellen Fantasien hingegeben haben. Jesus sagt: «Ich sage euch aber: Schon wer eine Frau mit begehrlichen Blicken ansieht, der hat im Herzen mit ihr die Ehe gebrochen.»

Mit dieser Auslegung scheint Jesus uns zu sagen, dass das, was sich in unseren Gedanken abspielt, noch wichtiger ist als unser Handeln. Damit wendet er sich an alle, die sich selbst rechtfertigen, indem sie sagen: «Ich habe ja schließlich nicht mit dieser Person geschlafen.» Unsere Haltung zu dem, wonach wir uns sehnen und woran wir denken, ist ein wichtiger geistlicher Faktor, den wir im Auge behalten müssen.

Das Wort «Prostituierte» oder «Dirne» taucht in der Bibel über fünfzig Mal auf. Wiederholt werden wir vor den Gefahren gewarnt, die es mit sich bringt, wenn wir uns mit «Huren» einlassen. Paulus geht so weit, zu sagen, dass ein Mann, der sich mit einer Prostituierten «vereinigt», ein Fleisch mit ihr wird (siehe 1. Korinther 6,16). Jakobus führt die Prostituierte Rahab (siehe Josua 2) als Beispiel dafür an, dass selbst sie, die Prostituierte, aufgrund ihrer guten Taten gerecht ist (siehe Jakobus 2,25). In der Geschichte vom verlorenen Sohn (Lukas 15) wirft der ältere Sohn seinem Bruder vor, sein ganzes Geld mit Prostituierten verschleudert zu haben (Vers 30).

Das Wort «Lust» oder «Leidenschaft» (griechisch *pathos*) kommt dreizehn Mal in der Bibel vor und steht meist im Zusammenhang mit bösem Verlangen und Götzendienst. In Kolosser 3,5 sagt Paulus: «Also trennt euch ganz entschieden von allen selbstsüchtigen Wünschen, wie sie für diese Welt kennzeichnend sind! Trennt euch von sexueller Zügellosigkeit und von ausschweifendem Leben, von Leidenschaften und Lastern, aber auch von der Habgier, die den Besitz für das Wichtigste hält und ihn zu ihrem Gott macht!» In englischen Übersetzungen wird für «Leidenschaft» das deutsche Lehnwort «Lust» verwendet, das ja auch positiv für alles gebraucht wird, wonach man Verlangen hat. In der Bibel liegt die Betonung auf dem Verlangen nach etwas, was verboten ist. «Lust» oder «Leidenschaft» steht demnach für jedes selbstsüchtige Verlangen. Wir werden aufgefordert, uns von solchem selbstsüchtigen Verlangen zu reinigen.

Die Galater belehrt Paulus: «Es ist wahr: Wer zu Christus gehört, der hat sein selbstsüchtiges Wesen mit allen Leidenschaften und Begierden ans Kreuz geschlagen» (Galater 5,24). Und Johannes ermahnt uns in seinem ersten Brief: «Was gehört nun zum Wesen dieser Welt? Selbstsüchtige Wünsche, die Gier nach allem, was einem ins Auge fällt, Selbstgefälligkeit und Hochmut. All dies kommt nicht von Gott, unserem Vater, sondern gehört zur Welt. Die Welt aber mit ihren Verlockungen wird vergehen. Nur wer tut, was Gott gefällt, wird ewig leben» (1. Johannes 2,16–17).

Auch von ehebrecherischen Frauen ist die Rede, wenn über Lust und Leidenschaft gelehrt wird. In Sprüche 6,25–26 werden wir angewiesen: «Lass dich nicht von ihren Reizen einfangen, fall nicht auf sie herein, wenn sie dir schöne Augen macht. Für eine Hure bezahlst du nur so viel wie für ein Brot, aber wenn du mit einer verheirateten Frau die Ehe brichst, gefährdest du dich selbst.»

Am liebsten hätten wir konkrete Anweisungen über verschiedene sexuelle Praktiken. Zum Beispiel wird häufig die Frage gestellt, ob Selbstbefriedigung Sünde sei. In der Bibel taucht das Wort nirgendwo auf. Viele Christen sind deshalb davon ausgegangen, dass sie in die Kategorie der unnatürlichen sexuellen Handlungen gehört. Dagegen nutzen viele Sextherapeuten, darunter auch christliche Fachleute, Fantasie und Masturbation als therapeutisches Mittel gegen sexuelle Störungen. Unserer Meinung nach bleiben Christen zu oft im Streit um sexuelle Praktiken wie Selbstbefriedigung stecken, während es hilfreicher wäre zu klären, ob die dabei verwendeten Fantasien für die betreffende Person gesund sind oder nicht. (Auf Fantasien werden wir in den Kapiteln 5 und 7 näher eingehen.)

Aus manchen der biblischen Geschichten, in denen es um Sex geht, lassen sich biblische Prinzipien über gesunde Sexualität ableiten. In der Geschichte von Simson lesen wir: «Einmal kam Simson nach Gaza. Dort sah er eine Prostituierte und ging zu ihr ins Haus» (Richter 16,1).

Die Philister wussten, dass er bei einer Prostituierten gewesen war, weil sie versucht hatten, ihm eine Falle zu stellen, während er sich dort aufhielt. Unmittelbar nach dieser Geschichte lesen wir, dass Simson sich in Delila verliebte. Das machten sich die Philister zunutze, indem sie mit Delilas Hilfe Simson zu Fall brachten. Diese Geschichte macht deutlich, dass wir unsere ganze Kraft einbüßen werden, wenn wir unserem selbstsüchtigen und vielleicht abhängigen sexuellen und romantischen Verlangen nachgehen. Wir können uns vorstellen, dass Simson, dieser starke Mann Gottes, in seiner Führungsrolle einsam und gestresst war. Selbst dieser starke Mann war durch sein eigenes Verlangen gefährdet.

Wir kennen die Geschichte von König Davids Ehebruch mit Batseba und seinem Mordplan gegen ihren Ehemann Uria.

Betrachten wir eines der Ereignisse, die diesem Geschehen vorausgingen. Als David die Bundeslade nach Jerusalem brachte, wurde ein großes und ziemlich ausschweifendes Fest gefeiert, in dessen Verlauf David spärlich bekleidet um die Lade tanzte. Als er nach Hause kam, trat ihm seine Frau Michal, die Tochter Sauls, mit den Worten entgegen: «Ach, wie würdevoll ist heute der Herr König vor seinem Volk aufgetreten! ... Bei deiner halb nackten Tanzerei hast du dich vor den Sklavinnen deiner Hofbeamten schamlos entblößt. So etwas tut sonst nur das Gesindel!» (2. Samuel 6,20). Die Bibel beendet diese Geschichte mit dem Nachsatz: «Michal aber bekam ihr Leben lang keine Kinder» (Vers 23).

Nach dieser Vorgeschichte heißt es dann später: «Eines Nachmittags, als David seine Mittagsruhe beendet hatte, ging er auf dem flachen Dach seines Palasts spazieren. Da fiel sein Blick auf eine Frau, die im Hof eines Nachbarhauses ein Bad nahm. Sie war sehr schön» (11,2). Hätte David damals schon einen Internetanschluss gehabt, wäre er vielleicht in Versuchung gewesen, sich dort seine sexuelle Erfüllung zu verschaffen. Wahrscheinlich war er als Führer seines Volkes sehr einsam, und möglicherweise fand er in seiner Ehe keine Erfüllung. Vielleicht können wir hier aus der Bibel die Lehre entnehmen, dass Einsamkeit zu sexueller Gefährdung führt.

In 1. Könige 11 wird berichtet, dass Davids Sohn Salomo «viele ... ausländische Frauen» liebte und dass sie ihn zu anderen Göttern verleiteten. Nehemia 13 schildert, wie diese ausländischen Frauen Salomos Herz von Gott abwendeten, wie schon sein Vater David durch ausländische Frauen auf Abwege geraten war. Salomo ging mit seiner Liebe sehr poetisch um. Wie wir wissen, ist das Hohelied Salomos von vielen als großes Liebesgedicht mit sehr erotischem Gehalt verwendet worden. Liebe zu vielen Frauen kann uns total von Gott ablenken.

Diese Hinterlassenschaft Davids, das Familienmuster, das er schuf, setzt sich in der nächsten Generation auch bei zwei weiteren Söhnen fort, nämlich bei Amnon und Absalom. In 2. Samuel 13 finden wir die furchtbare Geschichte, wie Amnon seine Schwester Tamar vergewaltigte und sie dann aus dem Haus warf. Absalom kam seiner Schwester zu Hilfe, aber er ließ sie nicht einmal darüber sprechen, sondern sagte nur: «Nimm die Sache nicht zu schwer!» Von da an lebte sie «einsam» in seinem Haus (Vers 20).

Die Geschichte Tamars zeigt uns die verheerende Wirkung sexuellen Missbrauchs. Wie so viele andere Geschichten macht sie deutlich, dass selbstsüchtige Begierde ein Leben zerstören und dass Stillschweigen über unseren Schmerz ein Gefängnis sein kann.

Wie gesagt, die Bibel geht mit Ehebruch sehr streng ins Gericht. Deshalb ist es nicht überraschend, dass das Neue Testament gerade durch die Geschichten zweier ehebrecherischer Frauen die Gnade Gottes besonders herausstellt. In Johannes 4 lesen wir von einer Frau aus Samaria, die fünf Mal verheiratet gewesen war und nun mit einem weiteren Mann zusammenlebte.

Zur Zeit Jesu wäre etwas Schlimmeres kaum vorstellbar gewesen. Sie war eine Samariterin, eine Frau und eine Ehebrecherin. Um zum Brunnen zu gehen, suchte sie sich eine Tageszeit aus, zu der sie dort niemandem begegnen würde. Doch Jesus unterhielt sich mit dieser Frau und erzählte ihr vom Heil. Er ging nie bis in ihre Stadt, um dort zu predigen – aber diese Frau kehrte nach Samaria zurück. Ihre Schande wurde von ihr genommen, und sie verkündete die frohe Botschaft von dem Heil, das sie von Jesus empfangen hatte.

Johannes 8 erzählt uns die Geschichte von der Frau, die beim Ehebruch ertappt wurde. In jener Zeit stand auf Ehebruch die Strafe der Steinigung. Wie die Bibel berichtet, versuchten die Gesetzeslehrer und die Pharisäer Jesus in die Falle zu locken und in ein Streitgespräch über das Gesetz zu verwickeln, indem sie diese Frau zu ihm brachten, um zu hören, was er sagen würde, was mit ihr geschehen sollte. Jesus umging die Frage. Er sagte einfach, dass derjenige, der ohne Sünde war, den ersten Stein werfen solle. Als daraufhin alle weggingen, wies er die Frau an, zu gehen und von nun an nicht mehr zu sündigen.

Diese Geschichten sind ein Trost für jeden von uns, der sexuell gesündigt hat. Es sind eindrucksvolle Beispiele für das wahre Wesen der Gnade Gottes. Der vielleicht großartigste Beleg für die Vergebung Gottes ist die Geschichte vom verlorenen Sohn. Hier wird uns der Zusammenhang zwischen Selbstsucht, Rebellion und sexueller Sünde vor Augen geführt. Der verlorene Sohn rebellierte gegen seinen Vater. Damals war es sehr unüblich, sich sein Erbe auszahlen zu lassen, während der Vater noch lebte. Im Grunde brachte der Sohn damit zum Ausdruck, dass er wünschte, sein Vater wäre tot. Sein Verhalten war ganz und gar ein Akt der Rebellion und der Selbstsucht mit der Folge, dass er sich zum Narren machte und das ganze Erbe in einem fremden Land verschleuderte. Vermutlich ging manches von dem Geld auch für Wein, Essen und andere materielle Dinge drauf.

Die Bibel gebraucht häufig das Beispiel der Sexualität, um uns über selbstsüchtiges Verlangen zu belehren. Darum ist es nicht überraschend, dass an Stellen, wo Selbstlosigkeit gelehrt wird, oft von sexueller Unmoral die Rede ist. Epheser 5 zum Beispiel beginnt mit den Worten: «Ihr seid Gottes geliebte Kinder, daher sollt ihr in allem seinem Vorbild folgen. Geht liebevoll miteinander um, so wie auch Christus euch seine Liebe erwiesen hat. Aus Liebe hat er sein Leben für uns gegeben. Und Gott hat dieses Opfer angenommen. Ihr gehört zu Gott. Da passt es selbstverständlich nicht mehr, sexuell zügellos zu leben, über die Stränge zu schlagen oder alles haben zu wollen. Ihr sollt nicht einmal darüber reden!» (Verse 1–3).

In diesem Abschnitt führt uns Paulus die Haltung der Demut und Selbstlosigkeit vor Augen, die wir brauchen, um sexuelle Unmoral zu meiden. Wir müssen bereit sein, aufopferungsvoll zu leben, so wie Christus die Gemeinde geliebt hat. Vielleicht hat Paulus genau das auch im Sinn, wenn er in Römer 12,2 schreibt: «Passt euch nicht dieser Welt an, sondern ändert euch, indem ihr euch von Gott völlig neu ausrichten lasst.»

Am Ende von Epheser 5 kommt Paulus auf dieses Thema zurück, nachdem er im Lauf des Kapitels etwas über Ehemänner und Ehefrauen gesagt hat. Er sagt, wenn er von der Ein-Fleisch-Verbindung eines Mannes und einer Frau in der Ehe gesprochen habe, habe er damit «die Verbindung zwischen Christus und seiner Gemeinde» gemeint (Vers 32). So wie er beschreibt, wie sich Mann und Frau einander unterordnen, bedeutet Unterordnung Selbstlosigkeit und Opferbereitschaft. Sie ist kein Akt, der von dem Ehepartner missbraucht werden darf. Sowohl der Mann als auch die Frau sollen selbstlos sein.

Das bedeutet, dass Sex niemals selbstsüchtig ausgelebt werden darf, auch nicht in der Ehe. Alle, die Erfahrungen mit Eheberatung gemacht haben, wissen, was selbstsüchtige Sexualität in einer Ehe anrichten kann. Manchmal wird sogar die Bibel missbraucht, um sexuelle Selbstsucht zu rechtfertigen. Paulus' Ausführungen über die Unterordnung der Ehefrauen in Epheser 5,22–24 ist eine dieser Passagen. Eine weitere findet sich in 1. Korinther 7,4, wo Paulus schreibt: «Denn weder die Frau noch der Mann dürfen eigenmächtig über ihren Körper verfügen; sie gehören einander.»

Nach unserer Auffassung meint Paulus hier eine Haltung der Selbstlosigkeit, nicht unbedingt konkrete sexuelle Pflichten. Diese Haltung muss gegenseitig sein. Leider jedoch werden solche Abschnitte in vielen Ehen von einem Ehepartner benutzt, um den anderen zu manipulieren.

Wenn aber die Beziehung zwischen Mann und Frau der Beziehung zwischen Christus und seiner Gemeinde ähnlich ist, dann muss die Liebe zwischen ihnen die höchste Form der Liebe sein. Es ist eine selbstlose, opferbereite Liebe. In seinem berühmten Lobgesang auf die Liebe in 1. Korinther 13 beschreibt Paulus die Liebe folgendermaßen: «Liebe ist geduldig und freundlich. Sie ist nicht verbissen, sie prahlt nicht und schaut nicht auf andere herab. Liebe verletzt nicht den Anstand und sucht nicht den eigenen Vorteil, sie lässt sich nicht reizen und ist nicht nachtragend» (Verse 4–5). Das ist selbstlose Liebe.

Nehmen wir zwei biblische Wahrheiten über Sexualität zusammen in den Blick, werden wir verstehen, dass die biblische Sicht gesunder Sexualität sich im heiligen Bund einer monogamen Ehe entfaltet und dass die eheliche Liebe selbstlos und opferbereit sein soll. Durch den Umstand, dass wir nach dieser Art von Liebe streben, bekommen wir die *Möglichkeit*, in unserer Bereitschaft, uns füreinander aufzuopfern und einander zu dienen, wie Christus zu «Nachahmern Gottes» zu werden.

Darüber hinaus gibt uns dies die Möglichkeit, die tröstliche Gemeinschaft mit einem Gefährten auf unserer Lebensreise mit Gott zu erfahren. Wenn wir verstehen, welche Liebe nötig ist, damit wir in der Ehe treu sind, beginnen wir zu erahnen, wie Gott uns durch Christus liebt.

Das steht im krassen Widerspruch zu dem, was unsere heutige Kultur uns lehrt, nämlich wie wichtig Sex in der Ehe sei, dass sexuelle Erfüllung der Maßstab für die Gesundheit einer Ehe sei und dass es unser unveräußerliches Recht sei, nach sexueller Erfüllung zu streben. Aus biblischer Sicht scheint Sex jedoch nicht ganz so wichtig zu sein. In Römer 12 sagt Paulus: «Passt euch nicht dieser Welt an.» Vielleicht gehört zum Umstand, dass wir uns von Gott neu ausrichten lassen, auch eine neue Einstellung zum Sex. Vielleicht schweigt sich die Bibel über sexuelle Praktiken deshalb aus, weil sie davon ausgeht, dass wir mehr daran interessiert sind, eine auf Christus ausgerichtete Einstellung zur Ehe und eine von Christus geprägte Beziehung in der Ehe zu haben.

Damit wollen wir keineswegs sagen, dass man sexuelle Probleme nicht bearbeiten und klären oder dass man keine Therapie einsetzen sollte, um sexuelle Probleme zu beheben. Und schon gar nicht wollen wir sagen, dass Sex etwas Schlechtes oder Schmutziges sei. (Auf einige dieser körperlichen Fragen werden wir im nächsten Kapitel eingehen.) Allerdings scheint es uns so zu sein, dass Sex ein Ausdruck natürlichen biologischen Verlangens sein kann, aus biblischer Sicht aber in die tiefere Verbindung und Intimität zwischen einem Ehemann und einer Ehefrau eingebettet sein muss.

Emotionale und geistliche Intimität zwischen Mann und Frau ist äußerst wichtig. Diese Intimität basiert auf einer von Christus geprägten Einstellung zueinander: einer Einstellung der Selbstlosigkeit und Dienstbereitschaft. Wenn ein Ehepaar zu einer solchen gemeinsamen Haltung findet, kann daraus großartiger Sex folgen. Denn eines der großen Paradoxa des christlichen Glaubens ist, dass wir, wenn wir bereit sind, etwas aufzugeben, es möglicherweise in noch reicherem Maße als zuvor zurückbekommen.

Bei Leuten, die mit sexueller Versuchung zu kämpfen haben, wird die sexuelle Begierde durch selbstsüchtige Bedürftigkeit genährt. Diese Bedürftigkeit kann ihre Ursache in früheren Verletzungen haben. Einsamkeit und Zorn führen zu selbstsüchtiger Bedürftigkeit. Zorn über Dinge, die einem vorenthalten wurden, führt zur Rebellion.

Darum besteht das Gegenmittel gegen sexuelle Begierde darin, sich um mehr von Christus geprägte Selbstlosigkeit zu bemühen. Auf eine einfache Formel gebracht, könnte man es so betrachten:

Selbstsucht = Normale Bedürfnisse + Einsamkeit + Zorn

Leidenschaft = Normales Sexualverlangen + Selbstsucht

Untreue = Normales Sexualverlangen + Leidenschaft

Selbstlosigkeit = Ein Leben in Opfer- und Dienstbereitschaft

Treue = Normales Sexualverlangen + Selbstlosigkeit

Selbstlosigkeit ist der einzige Weg, um zugleich unsere emotionalen, unsere geistlichen und unsere körperlichen Bedürfnisse zu befriedigen.

In den nächsten sechs Kapiteln werden wir diese Theorie der gesunden Sexualität weiter entfalten. Wir halten es für hilfreich, fünf Dimensionen zu unterscheiden, die für eine heile Sexualität wichtig sind.[1] Diese Dimensionen können die Herausforderung und die harte Arbeit der Treue ins Licht rücken.

In jeder Dimension werden wir die biblische Perspektive, die wir hier begründet haben, weiter ausführen. Das folgende Schaubild zeigt die einzelnen Dimensionen. Beachtenswert ist, dass vier davon um die wichtigste von ihnen gruppiert sind – um die geistliche Dimension. Aus dem geistlichen Leben entsteht die Selbstlosigkeit, die für sexuelle Treue und heile Sexualität entscheidend ist.

GESUNDE SEXUALITÄT

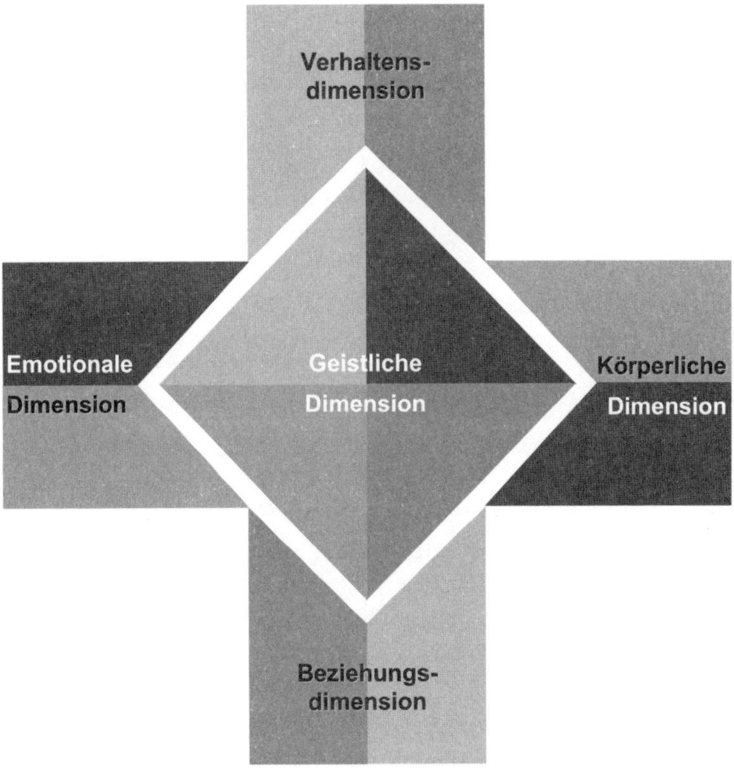

5.
Die körperliche Dimension

In 1. Korinther 6,19–20 lehrt Paulus: «Oder habt ihr etwa vergessen, dass euer Körper ein Tempel des Heiligen Geistes ist, der in euch wohnt und den euch Gott gegeben hat? Ihr gehört also nicht mehr euch selbst. Gott hat euch freigekauft, damit ihr ihm gehört; nun dient auch mit eurem Körper dem Ansehen Gottes in der Welt.»

Was für ein umwerfender Vers! Er führt uns zurück zu dem Thema, dass Selbstlosigkeit – die Erkenntnis, dass unser Körper nicht uns selbst gehört – ein Schlüssel zur gesunden Sexualität ist. Obwohl Paulus das Wort «Körper» hier gleichbedeutend mit «Persönlichkeit» oder «Selbst» gebraucht, ist dieser Vers eine großartige Aussage über die Heiligkeit des menschlichen Körpers aus christlicher Sicht. Dieses Kapitel befasst sich mit Problemen in der sexuellen Aktivität und mit einem gesunden Sorgen für sich selbst in körperlicher Hinsicht.

Allzu oft kommt unpersönlicher Sex nicht nur außerhalb, sondern auch innerhalb der Ehe vor. Das führt zu akuter Einsamkeit der Partner, die sich nach einer tiefen Nähe sehnen, in der jeder Akt des körperlichen Verkehrs eine bereits vorhandene Intimität bestätigt und erneuert. Ein tiefer emotionaler und geistlicher Verkehr führt zu einem befriedigenden körperlichen Verkehr. Zärtlichkeiten und häufige liebevolle Berührungen, verbunden mit dem Austausch von Gedanken und Gefühlen und der Wertschätzung für den Körper des anderen in der Ehe können zu einem tiefen Genuss aneinander führen.

Das Problem vieler Ehepaare im vollzeitlichen Dienst ist, dass es ihnen schwer fällt, über die emotionalen und körperlichen Aspekte ihrer Beziehung zu sprechen. Es ist schmerzhaft in einer Beziehung, wenn die sexuelle Intimität enttäuschend ist oder ganz fehlt. Sexuelle Frustration kann zur Suche nach Intimität an den falschen Stellen führen. Pornografie und andere Formen sexueller Sünde stehen als Ersatz für gesunde Intimität jederzeit zur Verfügung und machen auch nicht die Mühe, die erforderlich ist, um an einer Beziehung zu arbeiten.

Zur körperlichen Dimension gehört es auch, zu verstehen, wie unser Körper in sexueller Hinsicht funktioniert. Ein Großteil sexueller Frustration in der Ehe ist auf mangelnde Kenntnis der sexuellen Reaktionsweise des menschlichen Körpers zurückzuführen. Wir sind wunderbar und einzigartig gemacht, und zu diesem Bauplan gehört auch unser sexuelles Empfinden.

Dr. Jack Anons «PLISSIT»-Modell zum Verständnis der Diagnose und Behandlung sexueller Störungen ist äußerst hilfreich:

P – (*engl. «permission»*) Erlaubnis zur Sexualität
LI – (*engl. «limited information»*) Begrenzte Information
SS – (*engl. «specific suggestions»*) Konkrete Vorschläge
IT – (*engl. «intensive therapy»*) Intensive Therapie

Vielen Christen fehlt die «Erlaubnis» zur Sexualität. Sie haben immer nur die Verbote zu hören bekommen – falsche Informationen, die nahe legen, jedes sexuelle Verhalten oder auch schon jeder sexuelle Gedanke könne das geistliche Leben eines Menschen hemmen.

Die meisten Erwachsenen haben in ihrer Sexualerziehung nur «begrenzte Informationen» bekommen. «Konkrete Vorschläge» zur körperlichen Intimität sind in den meisten Bereichen unseres Lebens nur selten zu finden, auch in unseren Gemeinden. «Intensive Therapie» kann einfach bedeuten, dass viele von uns Männern und Frauen mehr sexuelle Aufklärung brauchen, damit wir auf gesunde Weise miteinander umgehen und das auch anderen vorleben können.

Während ihrer ersten Ehejahre genossen Mark und Jodie, ein junges Ehepaar, das in der Jugendarbeit tätig war, ein leidenschaftliches Sexualleben. Mark hatte schon sexuelle Erfahrungen gemacht, bevor er Christ geworden war. Jodie war bei ihrer

Hochzeit noch Jungfrau gewesen. Nach der Hochzeit waren sie beide mit ihrer sexuellen Gemeinschaft sehr zufrieden. Als Jodie schwanger wurde, waren sie aus dem Häuschen vor Freude, aber Jodie machte körperlich eine sehr schwere Zeit durch. Nach der Geburt des Kindes wich Jodie dem Sex aus. Mark stürzte sich in seine Arbeit als Jugendpastor. Jodie widmete sich ganz und gar ihrer Aufgabe als Mutter.

Weder Jodie noch Mark registrierten, wie stark sich Mark im emotionalen und körperlichen Bereich ihrer Beziehung vernachlässigt fühlte. Bisweilen bediente sich Mark «weicher» Pornografie und befriedigte sich selbst. Ob sie miteinander schliefen, war ihm inzwischen egal.

Allmählich entwickelten sich die beiden immer mehr auseinander. Ihr Weckruf kam, als Mark mit einem Mädchen in seiner Jugendgruppe so heftig flirtete, dass die Eltern des Mädchens sich an den Hauptpastor wandten. Mark war 26, das Mädchen achtzehn. In der folgenden Paartherapie setzten sich Mark und Jodie mit dem unsäglichen Schmerz auseinander, der durch die körperliche und emotionale Intensität dieses Flirts zwischen Mark und dem Mädchen entstanden war.

Durch viel Gebet und ehrliche Aussprache zwischen den beiden, teilweise im Rahmen der Therapie, fanden Mark und Jodie in ihrer Beziehung zur tiefsten Intimität, die sie bisher erlebt hatten. Den Eltern des Mädchens sagte Mark während des «Wiedergutmachungsprozesses», er sei dankbar dafür, dass sie seinen Chef angesprochen hätten.

Mark und Jodie erkannten, dass das Offenlegen seines Verhaltens Dritten gegenüber wohl am besten verhindern konnte, dass sich etwas Derartiges wiederholte. Daher nahm Mark wöchentlich an einer Rechenschaftsgruppe teil und rief einen Betreuer an, wann immer er die Versuchung zu einem Rückfall verspürte.

«Begrenzte Information» über unseren Körper kann unserer körperlichen Gesundheit schaden. Wenn wir die normalen sexuellen Reaktionen unseres Körpers nicht kennen, kann es sein, dass sie uns Angst einjagen. Jede romantische Erregung, aus welcher Quelle auch immer, wirkt sich auf unseren Körper aus.

Unsere Haut wird stärker durchblutet, der Herzschlag beschleunigt sich, uns wird warm, und unser Bewusstseinszustand verändert sich in gewisser Weise.

Dieselben Hormone, die uns dazu antreiben können, zu lieben, zu heiraten und Kinder zu zeugen, können uns auch dazu verleiten, heftig über die Stränge zu schlagen. Viele von uns Leitern im geistlichen Dienst haben Dinge getan, die wir niemandem anvertrauen, nicht einmal unseren besten Freunden. Bisweilen kann auch der engagierteste Christ, Mann oder Frau, sich abnormal verhalten. Diese Verhaltensweisen passen nicht zu Ihnen oder der Person, für die Sie sich bisher gehalten haben, oder zu Ihrem Ehepartner oder der Person, für die Sie Ihren Ehepartner bisher gehalten haben.

Körperliche Erregung kann so übermächtig sein, dass sie entweder zu einer wunderbaren Quelle der Liebe und Intimität in einer monogamen Beziehung werden oder zu der Entscheidung verleiten kann, den gesunden Menschenverstand und die eigenen Wertvorstellungen außer Acht zu lassen. Für einen Gemeindemitarbeiter ist es nicht nur schwer, zuzugeben, dass er sich mit Pornografie abgegeben hat, sondern auch über körperliche Probleme zu reden, wie zum Beispiel über vorzeitige Ejakulation, Schwierigkeiten, eine Erektion zu bekommen oder aufrechtzuerhalten, oder andere körperliche Probleme, die im Leben von Ehepaaren immer wieder vorkommen, ob im geistlichen Dienst oder außerhalb. Viele Geistliche haben Mitglieder ihrer eigenen Gemeinden als Hausärzte und würden sich nie die Blöße geben, ihnen körperliche Probleme in ihrer Ehe anzuvertrauen.

Eine weitere Herausforderung besteht darin, dass in unserer Kultur immer noch der Mythos umgeht, Männer seien immer mehr auf Sex aus als Frauen. Dieses Klischee bringt einen Mann, der einen weniger ausgeprägten Sexualtrieb hat als seine Frau, nur noch mehr unter Druck. Obwohl wir heute über viel mehr Ressourcen für sexuelle Hilfe verfügen als noch vor einem Jahrzehnt, hat offenbar die Furcht davor, über sexuelle Schwierigkeiten zu sprechen, in unserer Kultur weder bei den Männern noch bei den Frauen abgenommen.

Wie Ebbe und Flut steigen und fallen viele Hormone in unserem Körper zyklisch. Je nach Auslöser kann ein Zyklus einige Minuten, einen Tag, eine Woche, einen Monat, eine Jahreszeit, ein Jahr oder ein ganzes Leben lang dauern. Es ist nichts Ungewöhnliches, dass ein Paar über mehrere Monate oder gar mehrere Jahre hinweg keinen Geschlechtsverkehr hat. Meistens sind solche Paare völlig verblüfft, wenn sie hören, dass sie mit dieser Erfahrung nicht allein sind.

Der Testosteronspiegel bei Männern zum Beispiel steigt und fällt alle fünfzehn bis zwanzig Minuten und folgt darüber hinaus einem täglichen, jahreszeitlichen und jährlichen Rhythmus. Ein Mann, der von dieser Achterbahnfahrt nichts weiß, kann sich durch diese Schwankungen geradezu bedroht fühlen. Die biologische Uhr und die emotionalen Erfahrungen eines solchen Menschen, einschließlich seiner Ursprungsfamilie, der Belastungen in der Gemeinde und des Familienlebens, können diese Herausforderungen verstärken. Dr. Theresa L. Crenshaw schreibt: «Die meisten von uns wissen, dass Frauen vor der Menstruation oft sehr reizbar sind, aber nicht, dass es zu dieser Zeit mehr Konflikte in den Beziehungen gibt als zu jeder anderen und dass dies wahrscheinlich der Zeitpunkt ist, an dem ein Streit am häufigsten zu einer Trennung oder Scheidung führt.»[1]

Der Orgasmus ist ein Gipfelerlebnis, das manche Menschen mehr genießen als andere. Daneben hat jeder Mensch, in Abhängigkeit von vielen Variablen, auf seiner eigenen emotionalen und körperlichen Achterbahnfahrt eine Bandbreite von Höhepunkten und Tiefpunkten. Mit der sexuellen Intensität und Erregung, die durch heimlichen Pornografiekonsum ermöglicht wird, kann ein Ehepartner meistens nicht mithalten.

James und Margaret hatten über zwanzig Jahre lang ein recht erfüllendes Sexualleben genossen. Mit Pornografie hatte James noch nie etwas am Hut gehabt, bis er im Internet darüber stolperte. Bald darauf masturbierte er mindestens einmal in der Woche zu pornografischen Bildern und initiierte dafür seltener den körperlichen Verkehr mit Margaret. Als Margaret ihn auf die Veränderung in ihrem Sexualverhalten ansprach, gab er vor, noch gar nichts davon gemerkt zu haben.

Nachdem sie das Thema angesprochen hatte, versuchte er, sowohl die Pornografie als auch die Selbstbefriedigung wieder abzulegen, aber er wurde die Gewohnheit nicht los. In der Zwischenzeit hörte seine Frau im Radio eine Sendung über sexuelle Sucht, in der auch von Pornografie die Rede war. Sie ließ sich eine Kassette von der Sendung schicken und bat ihn, sie sich anzuhören. Margaret wusste zwar nichts davon, dass James im Internet Pornografie konsumierte, aber sie machte sich Gedanken über die drastische Veränderung in ihrer sexuellen Beziehung und wusste, dass er viel Zeit im Netz verbrachte. Ihre Intuition sagte ihr, dass ihr Mann möglicherweise mit diesem Problem zu kämpfen hatte oder zumindest gefährdet sein könnte.

Ihr hervorragender Instinkt brachte den Durchbruch. James und Margaret kamen wenig später in eine zweiwöchige Intensivtherapie. Dort hörte James einige Pastorenkollegen von ähnlichen Problemen in ihrem Leben erzählen, und zu einem von ihnen, der ihm zum Vorbild wurde, hielt er weiterhin Kontakt. Ähnliches erlebte Margaret mit einigen Frauen, die sie kennen lernte und mit denen sie telefonisch in Verbindung blieb. Solche Erlebnisse in der Intensivtherapie haben schon vielen Ehepaaren Wege zur Heilung von dem Schmerz sexueller Schwierigkeiten eröffnet.

Manchmal können ganz einfache «konkrete Vorschläge» Paaren helfen, gestörte sexuelle Verhaltensmuster zu verändern. Eine Herausforderung im Zusammenhang mit den körperlichen Aspekten der Sexualität ist zum Beispiel die Frage, welcher der Partner den Geschlechtsverkehr initiiert. Oft entwickeln Paare in dieser Hinsicht eine große Kreativität. Wir kennen einige Paare, die eine Kerze in ihrem Schlafzimmer haben. Wenn einer der Partner sich Geschlechtsverkehr wünscht, zündet er die Kerze an. Ein schwerer Schlag ist es dann natürlich, wenn der andere Partner ins Schlafzimmer kommt und die Kerze ausbläst, ohne dass die beiden darüber sprechen. Umso tragischer ist das, wenn das nur ein Punkt mehr ist, an dem die Ehepartner kaum noch effektiv miteinander kommunizieren.

Männer, die Schwierigkeiten mit der Erektion haben, werden weniger geneigt sein, den Geschlechtsverkehr zu initiieren. Auch hier führt mangelnde Kommunikation zu größeren Abständen zwischen den sexuellen Begegnungen.

Häufig können auch Schwierigkeiten entstehen, wenn einer der Partner ein «Morgenmensch» und der andere ein «Nachtmensch» ist. Setzen Mann und Frau sich mit derartigen Unterschieden nicht auseinander, kann sich das nachteilig auf ihre sexuelle Intimität auswirken. Ed und Gaye Wheat schreiben: «Manche Leute bezeichnen die Ehe als eine 50/50-Abmachung. Das Problem mit diesem Gedanken ist, dass dann immer jeder Partner darauf wartet, dass der andere etwas zuerst tut. In einer 100/100-Partnerschaft dagegen wird jeder Partner mit einer hundertprozentig gebenden Haltung seinen Beitrag zum Ganzen der Ehe leisten, so dass von dem anderen Partner die Liebe erwidert wird.»[2] Diese Veränderung der Haltung ist ein weiteres einfaches, aber sehr hilfreiches Mittel.

Eine verbreitete Herausforderung für Paare in der Ehe- und Sexualtherapie ist es, das «Ändere-dich-selbst-zuerst»-Prinzip zu verstehen, das jeden Partner dazu anhält, sich selbst zu ändern, statt zu warten, ob sich vielleicht der andere ändert. Es kommt gar nicht selten vor, dass einer der Partner, häufiger der Mann, die Zeitabstände zwischen den sexuellen Begegnungen austestet, ohne darüber mit dem Ehepartner zu sprechen.

Ein Werkzeug, das Einzelnen und Paaren mit körperlichen Störungen helfen kann, besteht darin, über Stimmungsschwankungen Buch zu führen. Zum Beispiel könnte sich eine Frau drei Monate lang ihre Beziehungskonflikte und Stimmungstiefs notieren. Dann kann sie Bilanz ziehen und diese Ereignisse mit ihrem Zyklus vergleichen.

Auch als Mann können Sie drei Monate lang Streitigkeiten und andere Spannungen in Ihrer Ehe vermerken und die Ergebnisse mit Stressfaktoren am Arbeitsplatz und körperlichen Symptomen vergleichen. Oft staunen Paare darüber, wie häufig

Reaktionen, die ihnen vorher rätselhaft waren, auf einmal vorhersagbar werden.

Wir alle stehen vor der Aufgabe, das «Gebet der Gelassenheit» auf unser Sexualleben in den verschiedenen Lebensphasen anzuwenden: «Gib mir Gelassenheit, Dinge hinzunehmen, die ich nicht ändern kann, den Mut, Dinge zu ändern, die ich ändern kann, und die Weisheit, das eine vom anderen zu unterscheiden.» Über Schwierigkeiten im Bereich der körperlichen Intimität sollten wir immer mit jemandem reden, bei dem wir uns sicher fühlen, um dann die Hilfe zu bekommen, die wir brauchen.

Dr. Patrick Carnes untermauert unser Verständnis von Sinnlichkeit: «Sinnlichkeit erfordert innezuhalten und aufmerksam zu sein. Sobald wir das tun, wird sich uns ein neuer, tieferer Erfahrungsbereich eröffnen. Viele religiöse und geistliche Traditionen erkennen und anerkennen den Zusammenhang zwischen Sinnlichkeit und Geistlichkeit. Indem wir uns wahrhaft für alles öffnen, was unsere Sinne an uns herantragen, können wir die Welt um uns her offener und bewusster wahrnehmen – und sehen so die Großartigkeit der Schöpfung.»[3]

Die meisten Geistlichen haben in ihrem eigenen Leben keine echte «Sabbat»-Erfahrung und nehmen sich selten Zeit, «an den Blumen zu schnuppern». Leider gelingt den meisten von uns das *Tun* besser als das *Sein*. Körperliche und emotionale Schwierigkeiten bei der Sexualität ergeben sich oft aus der Fieberhaftigkeit, mit der wir versuchen, als christliche Mitarbeiter, Ehepartner, Väter oder Mütter den Erwartungen zu entsprechen, denen wir uns gegenübersehen – besonders dann, wenn wir Perfektionisten sind.

Dies waren nur einige allgemeine, begrenzte Hinweise, die man dem PLISSIT-Modell entnehmen kann. Viele Paare können sexuelle Störungen heilen, indem sie einfach besser kommunizieren lernen und Bereitschaft zur Kreativität zeigen. Der letzte Teil des Modells heißt «Intensive Therapie». Das bezieht sich zum Beispiel auf die Aufklärung über konkrete sexuelle Sachverhalte. Gewisse konkrete sexuelle Störungen können eine intensive Therapie durch einen Arzt oder Sexualtherapeuten erforderlich machen.

Wenn ein Ehepaar Schwierigkeiten im sexuellen Bereich hat, sollte es sich gründlich medizinisch untersuchen lassen. Manche Störungen sind biologischen Ursprungs. Diabetes bei Männern zum Beispiel kann zur Impotenz führen. Dagegen sind medizinische Maßnahmen möglich. Auch Probleme mit dem sexuellen Verlangen können biologischer Natur sein. Beispielsweise können manche Antidepressiva das sexuelle Verlangen dämpfen, und darüber sollte man mit dem verschreibenden Arzt reden. Der rasante Absatz von Medikamenten wie Viagra zeigt, wie verbreitet Impotenz ist. Hormonelle Veränderungen über längere Zeiträume können mit der Ernährung, der Bewegung und mit Vitamintherapien zusammenhängen.

Der zweite Grund für eine Intensivtherapie liegt in der Behandlung emotionaler Faktoren. Viele sexuelle Störungen haben emotionale Ursachen. Manchmal lässt sich ein gehemmtes Sexualverlangen direkt auf Erfahrungen sexuellen Missbrauchs zurückführen. Impotenz kann mit Leistungsangst zusammenhängen.

Der Fall von Martha und Jerry illustriert eine weitere mögliche Auswirkung sexuellen Missbrauchs. Jerry wurde in sehr frühen Jahren von seinem Vater sexuell missbraucht. Auch seine Mutter vernachlässigte es, Jerry Liebe und Zuwendung zu geben. Als Jerry heranwuchs, stieß er auf der Suche nach der weiblichen Liebe und Zuwendung, die ihm fehlte, auf Pornografie. Als er Martha heiratete, hoffte er, dem ein Ende setzen zu können. Da ihm das jedoch nicht gelang, zog er den Schluss, dass er mehr Sex brauchte. So bedrängte er Martha ständig, öfter mit ihm zu schlafen und kreativere Möglichkeiten des Geschlechtsverkehrs auszuprobieren.

In der Therapie lernte Jerry, sich den Pornografiekonsum abzugewöhnen. Martha lernte, dass sie ihre eigene Sexualität genießen und sich nicht ständig darauf stützen sollte, dass Jerry den Geschlechtsverkehr initiierte. Auf den Rat der Therapeutin hin bat Martha Jerry, die Initiative dreißig Tage lang ihr zu überlassen.

Am ersten Abend, als Martha die Initiative ergriff, geriet Jerry in Panik und verließ das Schlafzimmer. Martha, die für sich den Eindruck hatte, einen Durchbruch geschafft zu haben, war geschockt und wütend. Jerrys Vernachlässigungserfahrungen hatten zu seiner Pornosucht und zu seiner aggressiven sexuellen Haltung beigetragen. Der sexuelle Missbrauch, den er erlebt hatte, hatte in ihm das Bedürfnis erzeugt, immer die Initiative und die Kontrolle über den Sexualakt zu behalten. Als seine Partnerin eines Abends das Verhaltensmuster im Schlafzimmer veränderte, geriet er in Panik, weil das in ihm die Erinnerung daran auslöste, wie sein Vater ihm in seiner Kindheit nachts Schaden zugefügt hatte.

Wo sexuelle Sucht oder wiederholte sexuelle Sünden in einer Ehe zu Problemen geführt haben, gibt es noch einen weiteren körperlichen Faktor, auf den man eingehen muss. Wir wissen, dass die Funktionsweise des Gehirns chemischer Natur ist. Die Nervenenden im Gehirn berühren sich nicht wirklich gegenseitig. Die Kommunikation zwischen ihnen kommt dadurch zustande, dass chemische Substanzen in den Zwischenräumen zwischen den Nervenenden miteinander reagieren. Dies wird als Neurochemie bezeichnet. Inzwischen hat man begonnen, die daran beteiligten Substanzen, Neurochemikalien genannt, zu identifizieren. Von zweien haben Sie wahrscheinlich schon gehört: Serotonin und Dopamin. Neurochemikalien in verschiedenen Teilen des Gehirns können sich auf Angst- und Depressionsgefühle auswirken. Verschiedene Medikamente gegen Angstzustände und Depressionen stellen das neurochemische Gleichgewicht wieder her.

Sexuelle Fantasien und Aktivitäten erfordern, dass verschiedene Teile des Gehirns miteinander kommunizieren, um die sexuelle Reaktion zu ermöglichen. Die sexuelle Erregung lässt den Spiegel des Stresshormons Adrenalin im Gehirn ansteigen. Auch Dopamin, das antidepressive Eigenschaften hat, kann dadurch vermehrt ausgeschüttet werden. In Bereichen des Gehirns, die Gefühle sexuellen Genusses erzeugen, steigen Hormone an, die als Katecholamine bezeichnet werden. Schon der Blick auf das Bild einer Person, die Sie lieben, kann zu einer vermehrten Ausschüttung dieser Genusshormone führen.

Gott hat unser Gehirn (und unseren Körper) so geschaffen, dass wir auf alle Veränderungen reagieren, die darin stattfinden. Unser Gehirn ist bestrebt, zu seinem normalen Balancezustand zurückzukehren. Nachdem wir an Sex gedacht oder Sex gehabt haben, sinken die beteiligten Neurochemikalien also wieder auf ihren normalen Level zurück. Wenn eine Person jedoch beständig an Sex denkt oder sexuelle Handlungen vollzieht, so bleiben diese Substanzen ständig auf einem hohen Level.

Auf diese dauerhafte Veränderung stellt sich das Gehirn irgendwann ein mit der Folge, dass der normale Hormonlevel mit der Zeit allmählich angehoben wird. Vergleichbar ist das mit dem Blutdruck. Wenn Ihr Blutdruck normalerweise 120/70 beträgt und Sie ständig so unter Stress stehen, dass er auf 170/110 erhöht ist, kann Ihr Gehirn lernen, diesen Wert als den normalen Blutdruck aufzufassen. Und dann müssen Sie entweder aufhören, sich so viel Sorgen zu machen, oder Medikamente zur Blutdrucksenkung einnehmen.

Alkoholiker führen ihrem Körper eine Menge Alkohol zu. Ihre Gehirne stellen sich auf diese Veränderungen ein. Mit der Zeit müssen sie ihr Gehirn mit immer mehr Alkohol versorgen, um denselben Effekt zu erzielen. Irgendwann fängt dann das Gehirn an, nach diesem Level zu «lechzen» und Botschaften zu senden, die sagen: «Ich brauche etwas zu trinken.»

Medizinisch bezeichnet man das als Toleranz. Auch wenn Sex zur Sucht wird, ist der Faktor der Toleranz im Spiel. Das Gehirn gewöhnt sich an einen gewissen Level der sexuellen Botenstoffe und giert nach derselben Menge bzw. verlangt schließlich immer mehr davon, um denselben Effekt zu erreichen.

Insofern sind Sexsüchtige in vielerlei Hinsicht drogensüchtig. Sie sind süchtig nach den Neurochemikalien in ihrem eigenen Gehirn. Wie ein Kollege sagte: «Sexsüchtig zu sein ist so, als wäre man Alkoholiker und zugleich selbst eine Bar.» Um ihren Drogenvorrat im eigenen Gehirn zu erzeugen, brauchen Sexsüchtige nichts weiter als ihre Fantasie.

Das sollte uns deutlich machen, dass es für einen Sexsüchtigen auf Dauer niemals genug Sex geben kann. Seine beständigen Aktivitäten werden immer ein Bedürfnis nach mehr Sex und (in manchen Fällen) nach neuen Formen von Sex erzeugen. Sein Gehirn giert nach gesteigerten Aktivitäten und möglicherweise auch nach dem zusätzlichen Kitzel neuer Aktivitäten.

Hierzu ein kurzes Beispiel: Ein Sexsüchtiger war Besitzer der weltgrößten Produktionsfirma für pornografische Videos. Dieser Mann hatte mit Tausenden von Frauen auf tausenderlei verschiedene Weise Sex gehabt. Doch es war nie genug, sagte er. Er war nie zufrieden. Sexuelle Befriedigung fand er erst, nachdem er Christ geworden war, seine Firma verkauft und eine Frau gefunden hatte, die er liebte. Jetzt hat er ein oder zwei Mal in der Woche Sex, und das ist ihm genug.

Sexsüchtige müssen sich auch von dem Gedanken lösen, ihre Ehepartner seien nicht verfügbar genug oder nicht attraktiv genug. Die Ehepartner ihrerseits müssen sich vor Augen halten, dass die Sucht nichts mit ihnen, ihrem Aussehen oder ihrer sexuellen «Leistung» zu tun hat. Manche tiefsitzende Überzeugung in Bezug auf Sex macht das häufig sehr schwer.

Hört ein Alkoholiker auf zu trinken, beginnt sein Gehirn sich zu entgiften – was manchmal sehr dramatisch ablaufen und zu heftigen körperlichen Reaktionen führen kann. Auch ein Sexsüchtiger kann in geringerem Maße eine solche Wirkung erleben, wenn er seine sexuelle Aktivität einstellt. Allerdings werden verheiratete Sexsüchtige nicht für immer mit dem Sex aufhören. Eine Therapieform für Sexsüchtige sieht vor, dass sich die Betroffenen zu einer Periode völliger Enthaltsamkeit von einem bis zu drei Monaten verpflichten. Das gibt dem Gehirn Zeit, sich auf einen niedrigeren Level sexuellen Verlangens und sexueller Erwartung einzustellen.

Eine solche Zeit der Enthaltsamkeit kann auch in emotionaler und geistlicher Hinsicht nützlich sein. Der oder die Süchtige und vielleicht auch der Ehepartner können dadurch lernen, dass Sex nicht das wichtigste Bedürfnis in ihrer Ehe ist. Diese Strategie kann aufgehen, wenn die Ehepartner sich einigen, andere Aspekte ihrer Ehe stärker zu betonen. Dadurch machen sie sich selbst bewusst, dass ihre emotionale und geistliche Intimität wichtiger ist als ihr Sexualleben.

Über diesen Plan als positive Übung, um zum normalen neurochemischen Gleichgewicht zurückzukehren und die emotionale und geistliche Intimität zu fördern, müssen sich Mann und Frau natürlich einig sein. Paulus sagt in 1. Korinther 7,5: «Keiner soll sich dem Ehepartner verweigern, außer beide wollen eine Zeit lang verzichten, um für das Gebet frei zu sein.»

Auf diese Anregung reagieren Paare sehr unterschiedlich. Manche Süchtigen werden wütend. Sie fragen, wie sie denn nüchtern bleiben sollen, wenn sie keinen Sex haben dürfen, und sehen darin eine weitere Verweigerung ihrer Bedürfnisse. Doch wenn die Theorien der Neurochemie stimmen, dann wird durch die Zeit der Enthaltsamkeit das Gleichgewicht wiederhergestellt, so dass das Gehirn am Ende wieder mit weniger zufrieden ist. Das erleichtert die Treue und zwingt Süchtige, sich mit ihrem Gefühl der Verlassenheit auseinander zu setzen. Auch dadurch, dass sie in der Gemeinschaft Linderung für ihre Einsamkeit und ihren Zorn finden, wird das emotionale Bedürfnis nach Sex abnehmen.

Für die Ehepartner der Süchtigen kann eine Zeit der Enthaltsamkeit eine wahre Erleichterung sein. Vermutlich sind sie ohnehin zu zornig, um Sex zu haben. Andere empfinden vielleicht Angst, weil sie immer noch von denselben Kernüberzeugungen ausgehen und meinen, wenn ihre süchtigen Ehepartner keinen Sex mehr mit ihnen haben, seien sie stärker durch sexuelle Versuchungen gefährdet. Aber das stimmt nicht. Auch ein Gefühl der Vernachlässigung kann im Spiel sein, so dass sie sich abenteuerliche Fragen stellen wie: «Was soll ich denn jetzt machen? Schließlich hat mein Mann [oder meine Frau] mit allen möglichen Leuten geschlafen, nur nicht mit mir!»

Ein weiterer sehr wichtiger Aspekt der körperlichen Dimension ist die Fürsorge für den eigenen Körper. Auf den theologischen Seminaren lernen wir in der Regel nicht, einen körperlich gesunden Lebensstil mit Balance zu pflegen, wozu Bewegung, Entspannung und Ruhe, richtige Ernährung und andere wichtige Aspekte unseres Lebens gehören, die nicht direkt mit unseren Berufen und unseren Aufgaben zu tun haben.

Howard Clinebell schreibt: «Als Mann habe ich zugelassen, dass die drückende kulturelle Erwartungshaltung, was es konkret heiße, ‹ein Mann zu sein›, meiner Arbeitssucht Nahrung gab; dass sie mich darin hinderte, meine weiche, verwundbare, sensible Seite voll zu entwickeln; dass sie meine enge Beteiligung an der Zuwendung zu unseren Kindern einschränkte; und dass sie es mir schwer machte, mir selbst genug Zuwendung zu geben. Ich kämpfe immer noch darum, mich von dieser kulturell programmierten Selbstunterdrückung zu befreien.»[4]

Die Fähigkeit, sexuellen Versuchungen zu widerstehen, kostet Energie. Gesundes sexuelles Miteinander in der Ehe kostet Energie. Wenn wir chronisch müde sind, sind wir umso stärker gefährdet.

Selbstbestätigung ist ein wesentlicher Teil der Fürsorge für den eigenen Körper. Viele Paare haben vielleicht deshalb sexuelle Schwierigkeiten, weil einer oder beide Partner sich selbst nicht attraktiv finden.

Tom und Mary waren ein junges Pastorenehepaar mit einer starken emotionalen Verbindung. Mary hatte eine Zwillingsschwester, der sie aber nicht sehr ähnlich sah. Sie hatte sich selbst schon immer als die weniger Attraktive der beiden empfunden. Während der ganzen Schulzeit hatte ihre große, blonde, kontaktfreudige Schwester die größere Aufmerksamkeit eingeheimst, während Mary sich vorkam wie das «hässliche Entlein».

Sie war froh, als sie Tom fand, aber sie «wusste», dass es nicht daran liegen konnte, dass er sich körperlich sehr zu ihr hingezogen fühlte. Wenn Tom Sex initiierte, dachte Mary immer, er täte es nur, weil Männer nun einmal Sex brauchen. Nach den Flitterwochen stellte sie fest, dass ihr mangelndes körperliches Selbstbewusstsein sie daran hinderte, wirklich Spaß am Sex zu haben. Also zog sie sich zurück. Als das geschah, wurde Tom zornig, konnte aber nicht darüber reden. In dieser Zeit stieß er auf Pornografie im Internet. Vor sich selbst rechtfertigte er sich, indem er sagte: «Wenn schon Mary nicht zur Verfügung steht, dann wenigstens diese Frauen im Internet. Ich kann es an- und abstellen, wann immer ich will.»

Sowohl Tom als auch Mary wurden immer einsamer. Als Mary Toms Pornokonsum auf die Schliche kam, war das für sie nur die Bestätigung, dass sie nicht so attraktiv sei wie all diese anderen Frauen.

Marys Selbstwahrnehmung war ein Teil dieses Problems. So etwas ist nicht selten. Beide Verfasser dieses Buches haben Hollywood-Schauspielerinnen kennen gelernt, die von Millionen Männern in aller Welt begehrt sind, sich selbst aber genauso unattraktiv fanden wie Mary. Viele von ihnen hatten ebenfalls unter sexuellen Problemen in ihren Ehen zu leiden, und manche hatten darüber hinaus Essstörungen. Auch viele von uns haben körperliche Merkmale, die uns nicht gefallen. Manchmal können wir diese Gefühle in unsere Kindheit und Jugend zurückverfolgen. Vielleicht wurden wir geneckt oder verspottet. Solcher Spott kann sehr grausam sein und emotionale Narben hinterlassen. Wir sahen andere an und fanden, sie seien attraktiv, wir aber nicht. Dabei haben wir ganz vergessen, dass wir «wunderbar und einzigartig gemacht» sind (Psalm 139,14). Es kann notwendig sein, dass wir mit jemandem über diese alten Verletzungen reden und Gott bitten, uns Heilung zu schenken.

Um ihre Beziehung weiterzuentwickeln, wird Tom Mary helfen müssen zu verstehen, dass sie für ihn schön ist und dass diese Sichtweise zuerst mal nichts mit Sex zu tun hat. Mary muss akzeptieren lernen, dass ihre sexuellen Wünsche normal sind und dass es völlig in Ordnung ist, sie zu genießen. Und beide brauchen Heilung von dem Vertrauensbruch, der durch Toms Pornografieproblem entstanden ist.

Wir müssen uns wieder in Erinnerung rufen, wie sehr Gott wirklich will, dass wir das körperliche Miteinander in der Ehe nach Kräften genießen. Das ist ein großartiges Geschenk. Auf diese Weise finden wir zutiefst intime Berührung und Bestätigung. Als Christen sollten wir uns nicht scheuen, unsere Probleme einzugestehen, über sie zu reden und uns, wenn nötig, Hilfe zu holen. Bei manchen Menschen haben körperliche

Selbstwahrnehmungen und sexuelle Frustrationen zu vielen gestörten Verhaltensmustern geführt, einschließlich der Möglichkeit einer sexuellen Sucht.

Im nächsten Kapitel werden wir uns der Verhaltensdimension zuwenden. Das Verständnis dieser Dimension ist notwendig, damit wir unser Verhalten so ändern können, dass wir zu einer gesunden Sexualität finden.

6.
Die Verhaltensdimension

Diese Dimension betrifft die Verhaltensweisen, die notwendig sind, um treu zu leben. Obwohl sich die hier dargestellten Prinzipien auf alle Lebensbereiche beziehen, werden wir uns auf die Sexualität konzentrieren.

Gesunde Sexualität erfordert, dass wir aufhören, unsere Gefühle mit sündigen und suchtartigen Verhaltensweisen zu betäuben, und stattdessen ehrlich werden. Sexsüchtige und sexuelle Sünder geraten in ein schreckliches Fahrwasser von Gewohnheiten und Ritualen.

Pastoren und Pastorinnen kann es trotz aller guten Absichten passieren, dass sie grundlegende emotionale und geistliche Ordnungen schleifen lassen. Es kann sein, dass sie praktisch gar keine gesunden Grenzen haben. Da sie ihr Inneres nicht offen legen, machen sie sich niemandem gegenüber verwundbar. Von den Menschen, mit denen sie zu tun haben, werden sie auf einen Sockel gestellt, und sie fürchten sich davor, herabzusteigen und einfach nur Mensch zu sein.

Ein Pastor und generell jeder, der sich ändern will, muss viele Verhaltensweisen verändern. Die Rituale, die zur sexuellen Sünde führen, müssen durch neue Rituale ersetzt werden, die zu gesunden Verhaltensweisen führen. Wer ein Leben lang schlechten Gewohnheiten gefolgt ist, hat es oft nicht leicht, sich gute Gewohnheiten anzueignen.

David zum Beispiel ist der Hauptpastor einer großen, erfolgreichen Gemeinde. Er und seine Frau Lisa führen eine gute Ehe. Beide sind jedoch sehr vielbeschäftigte Leute – David mit seinen Predigten und seinen Verwaltungsaufgaben, Lisa als Lehrerin, Mutter von drei Kindern und in ihrer Rolle als Pastorenfrau. Sie sind ständig auf den Beinen und finden bei all den Aufgaben in der Gemeinde kaum Zeit für sich selbst.

David hat Hunderte von Leuten, die ihn kennen, aber keine wirklich engen Freunde. Er betet mit vielen Menschen und leitet mehrere Bibelkreise, aber er ist immer der Leiter. Seine eigene Zeit zum Gebet und Bibelstudium ist auf der Strecke geblieben. Für irgendetwas anderes hat David eigentlich keine Zeit. Wenn die Aufgaben in der Gemeinde drängen, also de facto immer, müssen viele Dinge zurückstehen. Mit den anderen Geistlichen in der Stadt hat er sich schon seit Monaten nicht mehr getroffen. Er und Lisa können sich nicht mehr erinnern, wann sie das letzte Mal zusammen ausgegangen sind. Die Gemeindeältesten beaufsichtigen zwar Davids Aktivitäten, aber niemand fragt detailliert nach seinem Tagesablauf.

Eines Abends nach einem sehr langen Arbeitstag rief David vor dem Nachhausegehen seine E-Mails ab. Eine der Mails kam von einem unbekannten Absender und enthielt eine freundliche Einladung, eine Website zu besuchen. David klickte auf den Link und hatte sofort Bilder von nackten Frauen vor sich. Er war schockiert, empfand aber zugleich einen Adrenalinschub und eine prickelnde Erregung. Diesmal klickte er die Seite sofort wieder weg, aber während der nächsten Tage und Wochen kehrte er immer wieder zu solchen Websites zurück. Ein bisschen «Entspannung» hatte er einfach nötig, sagte er sich. Schließlich war sein und Lisas Sexualleben in letzter Zeit ziemlich langweilig und sporadisch geworden. Vielleicht würde das hier ein bisschen Würze in die Sache bringen.

Einige Monate später kam der Leiter des Ältestenkreises seiner Gemeinde mit einem Ausdruck von Dateien aus dem Gemeindecomputer zu ihm.

David war süchtig nach Internetpornografie geworden. Er hatte kein schweres Trauma in seiner Vergangenheit und keine größeren Probleme in seiner Ehe. Er war gestresst, müde und hatte niemanden, dem er über seine emotionale und geistliche Disziplin Rechenschaft ablegte. Ahnungslos, was die Macht der Pornografie betrifft, war er in die Falle getappt. Um sich davon wieder zu befreien, musste er sich einer strengen Rechenschaft unterwerfen.

David war gewissermaßen zu einem «Sklaven» der Pornografie geworden. Der Begriff Sklaverei erinnert uns an die Geschichte des jüdischen Volkes, wie sie in 4. Mose 13 und 14 berichtet wird. Die Israeliten befanden sich immer noch auf der Wüstenwanderung, nachdem Gott sie aus der Sklaverei in Ägypten befreit hatte. Da Mose wusste, dass Gott sie ins verheißene Land führen wollte, sandte er je einen Kundschafter aus jedem der zwölf Stämme Israels aus, um das Land zu erkunden. Zehn dieser Kundschafter berichteten hinterher, das Land sei wunderbar, aber sie sagten auch: «Wir können die Leute dort nicht angreifen, sie sind stärker als wir.»

Diese Männer «erzählten den Israeliten die schlimmsten Geschichten über ihre Reise» und sagten: «Glaubt uns, dort herrschen Mord und Totschlag! Alle Menschen, die wir gesehen haben, sind groß und kräftig» (13,32).

Nach allem, was die Israeliten mit Gott erlebt hatten, sollte man meinen, dass sie diesen Bericht verwerfen und ihr Vertrauen darauf setzen würden, dass Gott sie in das Land bringen würde. Schließlich standen sie unter der Führung von Mose, der von Angesicht zu Angesicht mit Gott gesprochen hatte. In Ägypten hatten sie erlebt, wie Gott den mächtigsten Mann der Welt, den Pharao, mit Plagen heimgesucht hatte. Sie hatten das Schilfmeer durchquert und zugesehen, wie es eine ganze Armee verschlang. Trotzdem verließ sie nun ihr Glaube. Statt zuversichtlich zu sein, fingen sie alle an zu jammern: «‹Wären wir doch in Ägypten oder hier in der Wüste gestorben! ... Warum bringt uns der Herr in solch ein Land? Damit man uns tötet und unsere Frauen und Kinder als Gefangene verschleppt? Lieber kehren wir nach Ägypten zurück!› Dann legten sie sich einen Plan zurecht: ‹Lasst uns einen neuen Anführer wählen und zurück nach Ägypten gehen!›» (14,2–4).

Den Mann, der sie so weit geführt hatte und der mit Gott geredet hatte, wollten sie also feuern. Mose und sein Bruder Aaron waren darüber so entmutigt, dass sie sich vor Verzweiflung zu Boden warfen. Erst der Anführer der nächsten Generation des Volkes, Josua, konnte die Menschen an ihren Glauben erinnern und sie schließlich doch noch in das Land führen, das Gott ihnen versprochen hatte.

Mit Sünde und Sucht ist es ähnlich. Wir haben das Wirken der Hand Gottes in unserem Leben gesehen, aber wenn unser Glaube auf die Probe gestellt wird, ist es nur zu leicht, zu altvertrauten Verhaltensweisen zurückzukehren. Und diese altvertrauten Verhaltensweisen sind oftmals suchtartig oder zerstörerisch. Wir sind vielleicht mit ihnen aufgewachsen. Unser «Ägypten», unsere Versklavung unter zerstörerische Verhaltensweisen, ist das, was wir kennen. Und so kann es uns besser erscheinen, zu dem zurückzukehren, was wir kennen, als uns unsichtbaren Gefahren oder Herausforderungen in der Zukunft zu stellen. Unser stolzes Wesen, das sich davor fürchtet zuzugeben, dass wir Sünder sind, sagt uns, wir sollen keine Risiken eingehen.

Angesichts dieser Versuchung und dieser Furcht ist es schwer, unser Verhalten zu ändern. Uns fehlen Leiter, zu denen wir ehrlich sein können und die uns den Weg zeigen. Wo findet sich heute ein Josua?

Zunächst einmal möchten wir Sie ermutigen, sich nicht länger selbst zu kasteien, wenn es Ihnen bisher schwer gefallen ist, Ihre sündigen und zerstörerischen Verhaltensweisen zu ändern. Wenn die Juden trotz allem, was sie erlebt hatten, mit ihren Ängsten nicht zurechtkamen, warum sollten wir von uns selbst mehr verlangen? Auch wir brauchen Wegweiser und Prinzipien, denen wir folgen können, um unsere Ängste zu beschwichtigen. Wir brauchen starke Leitung, Unterstützung, Ermutigung und Leute, denen wir Rechenschaft geben können.

Die Geschichte von Nehemia ist ein großartiges biblisches Lehrstück darüber, was Rechenschaft bewirken kann. Nehemia war ein jüdischer Exilant in Susa, nachdem die Babylonier Israel überrannt hatten. Er wurde zum Mundschenk des Königs ernannt. Das war eine wichtige Stellung. Zumindest befand man sich dabei immer in der Nähe des Königs im Thronsaal, dem Zentrum der Macht. Eines Tages reisten Nehemias Bruder Hanani und einige andere Männer tausend Meilen weit von Jerusalem an, um sich mit Nehemia zu treffen. Sie waren niedergeschlagen, weil die Mauern Jerusalems eingestürzt und die Tore durch Brände zerstört waren (Nehemia 1,3).

Der Bericht über die Stadt hört sich an wie manche unserer Lebensgeschichten – die Stadt unseres Lebens liegt in Schutt und Asche. Die Tore, die in unseren Geist und unser Herz hinein und wieder heraus führen, sind durch Brände zerstört.

Nehemia war dazu bestimmt, eine große Führungspersönlichkeit zu werden. Wenn wir «große Führungspersönlichkeit» hören, denken wir vielleicht an jemanden, der Stephen Coveys «Sieben Wege zur Effektivität» gemeistert hat. Wir wünschen uns vielleicht jemanden, der sich behaupten kann, der dramatisch und eindrucksvoll auftritt. Doch unsere große Führungspersönlichkeit Nehemia antwortete Folgendes: «Als ich das hörte, setzte ich mich hin und weinte» (Vers 4).

Wie viele von uns halten unsere Emotionen in unserem Innern verschlossen? Wir haben uns dagegen gewehrt, zu weinen oder traurig zu sein, weil wir das für unreif oder unchristlich halten. Wenn wir uns aufmachen wollen, um große Führungspersönlichkeiten zu werden, müssen wir unsere Gefühle ehrlich äußern.

Führen beginnt mit Gebet. Nehemia sprach ein ganz schlichtes Gebet (Verse 7–11), in dem er unter anderem sagte: «Denke doch daran, was du zu Mose gesagt hast: ‹Wenn ihr mich verlasst, werde ich euch unter die fremden Völker zerstreuen.›»

Die Konsequenzen eines sündhaften Lebens können uns das Gefühl geben, in alle Winde zerstreut zu sein. «Denke doch daran ...», sagt Nehemia. Lieben Sie auch die Gebete in der Bibel, in denen der Beter Gott an etwas erinnert? Ist das nicht interessant: Als ob Gott an etwas erinnert werden müsste. Nehemia sagte im Grunde: «Denke doch daran, Gott, du hast uns versprochen, wenn wir zu dir zurückkehren, bringst du uns wieder nach Hause.» Das ist sein Gebet.

Nehemia hatte immer noch keine Ahnung, was er tun wollte und wie seine Strategie aussehen würde. Er hatte weder eine Vision noch einen Plan. Er hatte nur ein Verlangen, und er hatte Demut. Er wollte nach Hause.

Im zweiten Kapitel zeigt sich König Artaxerxes als Meisterpsychologe. Nehemia schenkte den Becher für den König ein, brachte ihn herein, trank daraus und starb nicht, so dass der König ihn gefahrlos trinken konnte. Dann sagte der König zu Nehemia: «Du siehst traurig aus.» Hat das zu Ihnen schon einmal jemand gesagt? «Du siehst ziemlich traurig aus.» Der König beobachtete, dass Nehemia nicht etwa körperlich krank aussah. Also musste es eine innere Traurigkeit sein.

Nehemia antwortete darauf: «Wie könnte ich fröhlich sein, wenn die Stadt, in der meine Vorfahren begraben sind, zerstört ist und ihre Tore in Schutt und Asche liegen?» (Nehemia 2,3).

Mit anderen Worten: «Warum sollte ich auch nicht traurig sein?» Manchmal, wenn wir einfach unsere Gefühle äußern, selbst unsere Trauer und unseren Zorn, kommt es vor, dass jemand richtig darauf reagiert. Der König, ein sehr weiser Mann, fragte: «Was brauchst du?» Und Nehemia antwortete: «Ich möchte nach Hause gehen! Ich brauche ein paar Empfehlungsschreiben!»

Als Nächstes schickte sich Nehemia an, den Hauptfehler so vieler zu machen, die heil werden wollen. Er beschloss: «Ich werde mit meinen Empfehlungsschreiben diese tausend Meilen zu Fuß *allein* zurücklegen.» Viele von uns, die Probleme mit sexueller Sünde hatten, denken, wir könnten das *allein* wieder in den Griff bekommen. Vielleicht denken wir auch: «Wir schaffen das mit Gottes Hilfe, aber Hilfe von anderen brauchen wir nicht.» Eigentlich ist das ein ziemlich größenwahnsinniger Gedanke, der im Grunde besagt: «Ich brauche keine Hilfe.»

Doch der König weiß es besser, und in Vers 9 berichtet Nehemia, dass der König ihm die Kavallerie und Armeeoffiziere zur Seite stellte. Der König wusste, dass Nehemia Schutz und Gefährten brauchte, um diese Reise zu bestehen. Warum? Am Ende von Kapitel 2 sehen wir, dass Nehemia auf seiner Reise Feinden begegnete, darunter Sanballat aus Bet-Horon. Diese Feinde machten sich darüber lustig, dass Nehemia zurückkehrte, um wegen der zerstörten Stadt etwas zu unternehmen.

Wie steht es mit der Stadt Ihres Lebens? Manchen Leuten wird es nicht gefallen, dass Sie nach Hause kommen. Ihnen gefällt der Status quo so, wie er ist. Vielleicht nehmen sie auch Land, das rechtmäßig Ihnen gehört, für sich in Anspruch. Diese Leute haben ein Interesse daran, dass Sie scheitern.

Auch wenn wir die richtigen Entscheidungen treffen, heil zu werden und zu Gott zurückzukehren, müssen wir bedenken, dass die Reise zur Heilung gerade erst begonnen hat. Feinde werden uns angreifen. So ist das Leben.

Am Ende des zweiten Kapitels wird berichtet, wie Nehemia die Schäden in der Stadt begutachtete. Bei Nacht zog er aus, verlegen, beschämt und traurig über das, was geschehen war. In der Anfangszeit der Anonymen Alkoholiker wurden die Treffen zeitlich immer so gelegt, dass sie erst nach Sonnenuntergang begannen. Das wurde eigens so gemacht, weil die Teilnehmer nicht wollten, dass jemand sie zu den Treffen gehen sah.

So kann es während der ersten Tage, Wochen und Monate einer Reise zur Heilung sein. Wenn wir über unsere Sünden demütig werden, wird uns der Schaden bewusst, den wir angerichtet haben. Jahrelang haben wir unseren Schmerz darüber betäubt. Wir haben den Schaden ausgeblendet, uns davon distanziert, ihn verleugnet und unterdrückt. Plötzlich werden wir nüchtern und sehen, was wir getan haben.

Nehemia machte sich ein Bild von den großen Schäden und von der Verzweiflung, die sich über die Stadt gelegt hatte. Die vor ihm liegende Arbeit muss ihm überwältigend groß erschienen sein. Ein weiterer Fehler, den Christen häufig machen, ist zu denken, da sie ja nun entschieden hätten, das Richtige zu tun und gesund zu werden, würde Gott automatisch alles in Ordnung bringen. Sie meinen, Gott würde ein Wunder vollbringen und ihnen helfen, allen Konsequenzen ihrer falschen Entscheidungen zu entrinnen. Die Tatsache, dass die Konsequenzen bestehen bleiben und eine lange Arbeit vor ihnen liegt, ist für viele entmutigend.

Nehemia tat am Ende des zweiten Kapitels das Richtige. Er hielt keine große, glorreiche Rede. Er versammelte einfach die Führer um sich und sagte: «Fangen wir an zu bauen.» Im Grunde hatte es auch niemand nötig, großartig motiviert zu werden. Sie brauchten nicht mit einer glorreichen Vision loszustürmen und um die goldene Maurerkelle zu wetteifern. Sie brauchten einfach nur ein Wort der Wegweisung und Ermutigung: «Lasst uns loslegen.»

Kapitel 3 ist ein großartiges Beispiel für Organisation. Verschiedene Familien und Gruppen wurden bestimmten Abschnitten der Mauer zugeteilt. Ein offensichtliches Prinzip dahinter ist, dass man ein großes Projekt, das man in Angriff nimmt, in kleinere und überschaubarere Teile aufteilen sollte.

Es gibt aber noch zwei weitere Prinzipien, die sich in diesem Kapitel verbergen. In Vers 10 heißt es, dass Jedaja an einem Mauerabschnitt arbeitete, der direkt gegenüber von seinem Haus lag. Das ist ein wunderbares Bild. Viele Leute, insbesondere Pastoren, sind versucht, loszustürmen und die ganze Welt retten zu wollen. Sie versuchen überall mitzubauen. Dieser Vers erinnert uns daran, vor der eigenen Haustür zu kehren und erst einmal in unserer eigenen Welt Dinge in Ordnung zu bringen.

Als Mark Laaser, der Co-Autor dieses Buches, wegen sexueller Sucht behandelt wurde, hörte er eines Abends einen Vortrag von Pat Carnes. Das verschaffte ihm einen Energieschub, selbst loszuziehen und Vorträge zu halten und die ganze Welt von sexueller Sucht zu befreien. Pat erinnerte ihn behutsam daran, dass er erst einmal nach Hause gehen und ein Jahr lang nüchtern bleiben solle, bevor er daran dachte, zu anderen Leuten zu sprechen.

Das ist ein wertvoller Hinweis. Wir müssen erst einmal selbst heil werden, bevor wir versuchen, anderen zu helfen. Unzählige Pastoren und christliche Mitarbeiter haben ein großes Herz und möchten anderen helfen, aber es geht ihnen selbst nicht gut. Statt «verwundete Heiler» zu sein, wie Henri Nouwen es nannte, sind sie in Wirklichkeit «ungeheilte Verwunder». Sie kümmern sich um andere, um ihren eigenen Problemen auszuweichen. Dieses Nehemia-Kapitel erinnert uns daran, die «Lücken» in unserer eigenen «Hausmauer» wieder zu kitten.

Ein drittes Prinzip dieses Kapitels findet sich in Vers 14. Malkija bekam die Aufgabe, das «Misttor» zu reparieren. Durch dieses Tor wurde der gesamte Abfall und Unrat der Stadt hinausgeschafft. Das mag als eine wenig ehrenvolle Aufgabe erscheinen – «Au ja, wir dürfen mit Mist arbeiten!». Manchmal kommt es uns in unserem Leben auch so vor: Es gibt eine Menge Mist, den wir hinausschaffen müssen.

Doch dies dürfte eines der wichtigsten Tore der Stadt gewesen sein. Eine Stadt ohne Müllabfuhr wird früher oder später an ihrem eigenen Dreck ersticken. Im amerikanischen Bürgerkrieg bestand eine der größten Herausforderungen beim Bewegen einer großen Armee darin, ein funktionierendes Latrinensystem zu entwickeln. Waren Sie schon einmal in einer Großstadt, während dort die Müllabfuhr streikte?

Die Entwicklung der Entsorgungssysteme war vielleicht einer der größten medizinischen Fortschritte des zwanzigsten Jahrhunderts. Möglicherweise war das noch wichtiger als die Erfindung des Penicillins. Das Misttor war ein wichtiges Tor. Das gilt oft für die schmutzigste, stinkigste Arbeit. Wir alle müssen Verschmutzung und Unrat aus unserem Leben hinausschaffen. Das kann der Unrat unverheilter Erinnerungen, vergangener Sünden oder schmerzhafter Gefühle sein. Öffnen Sie das Tor zu Ihrem Herzen und fragen Sie Gott, welche Dinge Sie vielleicht hinausschaffen müssen.

Kapitel 3 endet damit, dass die Feinde der Juden sich über sie und ihre Arbeit lustig machen. Sanballat und sein Freund Tobija riefen: «Was wollen diese armseligen Juden eigentlich? ... Mit diesen verbrannten Steinen und diesem Schutt wollen sie eine neue Stadtmauer errichten?» (Vers 34).

Das ist nicht nur die Stimme der anderen, die aufgrund unserer Vorgeschichte an uns zweifeln, sondern auch die Stimme unseres eigenen Zweifels. Können wir unser Leben, unsere Ehe, unseren Dienst wieder aufbauen oder wiederherstellen? Diese Stimmen werden wir auf den ersten Etappen unserer Heilung dauernd zu hören bekommen. Vor uns liegt eine lange, überwältigende Arbeit. Die Zerstörung erscheint vollkommen. Was können wir eigentlich ausrichten?

Nehemia muss diesen Spott überhört haben, denn als Nächstes lesen wir, dass die Arbeit erledigt wurde. Als die Feinde erfuhren, dass die Mauer tatsächlich im Bau war, taten sie sich zusammen, um militärisch dagegen vorzugehen. Nehemia wusste das. Ein großer Teil des vierten Kapitels schildert die Vorbereitungen. Also stellte Nehemia Tag und Nacht Wachen auf.

Diejenigen unter uns, die mit sexuellen Versuchungen zu kämpfen haben, brauchen Wachsamkeit bei Tag und Nacht. Wir sollten wissen, dass der Feind angreifen wird, und darauf vorbereitet sein. Unsere Vorkehrungen müssen lückenlos sein. In 1. Petrus 5,8 ermutigt uns Petrus: «Bleibt besonnen und wachsam! Denn der Teufel, euer Todfeind, läuft wie ein brüllender Löwe um euch herum. Er wartet nur auf ein Opfer, das er verschlingen kann.»

Darum brauchen auch Sie Tag und Nacht Krieger, die auf der Wacht sind. Dies ist ein weiteres wichtiges Prinzip der Rechenschaft. Bereiten Sie sich in Zeiten der Stärke auf jene Zeiten der Schwäche und der Angriffe vor, die zweifellos kommen werden. Viele, die scheitern, meinen, sie könnten warten, bis die Versuchung anklopft, und dann schnell jemanden anrufen. Sie gehen davon aus, dass sie dann schon stark genug sein werden, um zu widerstehen. Aber das ist purer Stolz, der da spricht, nicht Demut. Sie denken, sie könnten irgendwie Gott ihren Wert beweisen, indem sie stark sind. Stattdessen fordert Gott uns auf, ihm genug zu vertrauen, dass wir andere für uns mit auf der Wacht sein lassen.

Wenn Sexsüchtige zum Beispiel auf eine Reise gehen, können sie sich nicht darauf verlassen, dass sie jemanden anrufen werden, wenn sie in Versuchung geraten. Sie müssen sich auf jene Momente vorbereiten, in denen sie relativ müde und gestresst und eben nicht aus eigener Kraft in der Lage sind, auch nur eine Person anzurufen. Zum Beispiel, indem sie andere bitten, *sie* anzurufen. Sie wissen, wann sie stärker gefährdet sind, und treffen entsprechende Vorkehrungen. Auch wenn sie zum Beispiel in einer anderen Stadt in ein Hotel einchecken und in diesem Moment relativ stark sind, bitten sie an der Rezeption darum, die Blue-Movie-Kanäle in ihrem Zimmer abzuschalten.

In 1. Petrus 5,9 fährt Petrus fort: «Stark und fest im Glauben sollt ihr seine Angriffe abwehren. Und denkt daran, dass alle Christen in der Welt diese Leiden ertragen müssen.»

Andere Männer und Frauen haben dieselben Kämpfe zu bestehen wie wir. Darum brauchen wir einander. In Kapitel 4,7 berichtet Nehemia, wie er Tag und Nacht Wachen aufstellte, die nach Familien eingeteilt waren. Familien, Gemeinschaften von Menschen, sind die wesentlichen Fundamente der Stärke.

In Vers 10 sagt Nehemia, dass von diesem Tag an die Hälfte der Leute baute, während die andere Hälfte Wache hielt oder das Projekt verteidigte. Das illustriert ein weiteres wichtiges Prinzip. Ein großer Fehler, den viele begehen, wenn sie gegenseitige Rechenschaft vereinbaren, ist, zu meinen, es ginge dabei nur um die Verteidigung. Doch wir brauchen auch Rechenschaft über den Aufbau.

Wenn wir auf dem Weg der Heilung sind, müssen wir auch eine Vorstellung davon haben, was wir aufbauen wollen. Ist es unser Glaube, unsere Ehe, unsere Karriere? In letzter Zeit haben Buchautoren uns daran erinnert, dass wir eine Vision brauchen. Als Christen brauchen wir ein Bewusstsein unserer Berufung, unserer Talente und Gaben.

Doch manche von uns bleiben auf dem Weg der Heilung bei der bloßen Selbstverteidigung stecken. Voller Angst versuchen wir, die nächste schreckliche Konsequenz zu vermeiden. Wenn wir nur bauen, werden wir durch den nächsten Angriff vernichtet werden. Beschränken wir uns dagegen auf die Verteidigung, kommen wir keinen Schritt weiter. In Nehemia 4,11 lesen wir, dass auch die Hälfte der Leute, die am Bau arbeiteten, in der einen Hand das Schwert hielt, in der anderen die Kelle. Bauen, verteidigen, bauen, verteidigen, das ist der Weg der Heilung, vierundzwanzig Stunden am Tag, sieben Tage in der Woche, Tag und Nacht.

Diese Schilderung der Vorbereitungen zeigt, dass alle an einem gemeinschaftlichen Unternehmen beteiligt waren. Ein weiterer großer Fehler, den viele Christen begehen, ist, dass sie meinen, nur einer einzigen anderen Person Rechenschaft geben zu müssen. Sie beschließen, einem Mann oder einer Frau Bericht zu erstatten, der oder die Sie zur Rechenschaft zieht. Aber was ist, wenn diese eine Person, Ihr vertrauter Freund, der Sie wirklich versteht, einmal Urlaub braucht und verreist? Sie versuchen diese Person anzurufen, können sie aber nicht erreichen. Vielleicht war es sogar diese Einsamkeit, die überhaupt erst die sexuelle Versuchung bei Ihnen ausgelöst hat. Sie werden wütend. Vielleicht kommt Ihnen der Gedanke: «Na ja, wenn mein Rechenschaftspartner nicht verfügbar ist, bin ich wohl machtlos.»

Eine Person ist nicht genug. Wir brauchen ständig «Soldaten» – im Plural – um uns her. Jeder, der auf dem Weg der Heilung ist, braucht eine Gruppe oder Gemeinschaft. Wer sind die Soldaten in Ihrem Leben?

Sie brauchen eine Gruppe von Menschen. Angenommen, jemand ist nicht zu Hause oder nicht erreichbar. Eine weitere Person ist nicht darauf eingestellt, heute mit Ihnen zu reden. Sie brauchen ein Netzwerk, eine Gemeinschaft von Leuten, die bereit sind, mit Ihnen zu kämpfen.

Ein weiterer Fehler, den Christen begehen können, besteht darin, zu denken, sie könnten abwarten, bis die Versuchung auftritt, bevor sie Hilfe in Anspruch nehmen. Doch Nehemia lehrt uns, dass es um einen Plan geht, der jeden Tag rund um die Uhr umgesetzt werden muss. Von ihm lernen wir, dass wir uns in unseren starken Momenten vorbereiten müssen, weil wir wissen, dass auch wieder schwache Momente kommen werden.

Es wird Momente geben, in denen wir müde, einsam, zornig und ausgelaugt sind. Wenn es uns so geht, dann ist uns nicht danach zumute, jemanden anzurufen und um Hilfe zu bitten. Wir wollen vielleicht gar nicht, dass jemand bei uns eingreift. Deshalb müssen wir andere bitten, uns anzurufen und nachzufragen, ob es uns in dem Moment passt oder nicht. Der richtige Moment, einen Unterstützungsplan aufzustellen, der auch dann umgesetzt wird, wenn wir gar keine Lust haben, uns an ihn zu halten, ist gekommen, wenn wir stark sind und den Willen haben, treu zu sein.

Dan besuchte jeden Sonntagabend ein Treffen für Leute, die Probleme mit sexueller Sucht haben. Auf dem Weg dorthin musste er an einer Straße vorbei, in der es Striplokale und Massagesalons gab. Jede Woche kämpfte er mit der Versuchung, in diese Straße einzubiegen. Einige Male tat er es dennoch, aber meistens konnte er kleine Siege verbuchen: Entweder musste er eine andere Strecke fahren, oder er musste jemanden bitten, mit ihm zu fahren. Es gibt immer eine naheliegende Maßnahme. Wir müssen uns nur dazu entschließen, solange wir stark sind, und sie in die Wege leiten für die Momente, in denen wir schwach sind.

Und schließlich: Hören Sie auf den großen Schlachtruf. In Kapitel 4,8 sagt Nehemia: «Vertraut dem Herrn, denn er ist groß und mächtig.» Diese Erkenntnis muss für uns alle der Ausgangspunkt sein. Gott kann diese Schlacht gewinnen. In diesem Licht fordert Nehemia seine Zuhörer auf: «Kämpft für eure Brüder und Söhne, für eure Töchter und Frauen und für eure Häuser!»

Nehemia erinnert die Kämpfer daran, für wen sie kämpfen. Es ist der Kampf des Herrn, und er sollte für andere gefochten werden. Wenn nur Selbstsucht Sie zur Heilung motiviert, werden Sie scheitern. Wenn Sie nur unangenehme Konsequenzen vermeiden wollen und durch Angst motiviert sind, werden Sie keinen Erfolg haben.

Sie kämpfen für Ihre Frau, für Ihren Mann. Wollen Sie sie wirklich noch einmal verletzen? Oder sehen Sie sich selbst als Wächter über ihre Herzen? Sie kämpfen für Ihre Söhne. Welches Vermächtnis wollen Sie ihnen hinterlassen? Sie kämpfen für Ihre Töchter. Was wollen Sie jungen Frauen darüber vermitteln, was es heißt, eine junge Frau zu sein? Wollen Sie ihnen den Eindruck vermitteln, sie seien Sexobjekte, die man in pornografischen Darstellungen begaffen oder sexuell manipulieren kann? Sie kämpfen für Ihre Brüder und Schwestern. Das sind diejenigen, die sich immerzu den Kopf zerbrechen, wo Sie den nächsten «Schuss» Pornografie herbekommen, wo das nächste Striplokal ist, wann sie genug Geld für die nächste Prostituierte zusammenkratzen können oder mit wem sie ihren nächsten Seitensprung begehen können. Diese Leute sind überall um uns her. Auch für sie sollten wir immer kämpfen. Sind Sie bereit, für diejenigen in den Kampf zu ziehen, die noch mitten in den Problemen stecken?

Denn auch darum geht es bei der Heilung: die Botschaft an

andere weiterzugeben. Das ist wie bei allen großen geistlichen Paradoxa. Wenn Sie Energie in die Heilung für andere stecken, werden Sie selbst daraus Nutzen empfangen. Paulus schreibt in Epheser 5,1–3: «Ihr seid Gottes geliebte Kinder, daher sollt ihr in allem seinem Vorbild folgen. Geht liebevoll miteinander um, so wie auch Christus euch seine Liebe erwiesen hat. Aus Liebe hat er sein Leben für uns gegeben. Und Gott hat dieses Opfer angenommen. Ihr gehört zu Gott. Da passt es selbstverständlich nicht mehr, sexuell zügellos zu leben, über die Stränge zu schlagen oder alles haben zu wollen. Ihr sollt nicht einmal darüber reden!»

Achten Sie darauf, wie Paulus seiner Warnung vor sexueller Unmoral die Aufforderung voranstellt, Gottes Vorbild zu folgen und wie Christus opferbereit zu leben. Ein Leben im Dienst für andere kann eine der besten Motivationen für unsere eigene Heilung sein.

In Nehemia 5 wird berichtet, dass das Aufbauprojekt ziemlich teuer wurde. Als die Mauer ihre halbe Höhe erreicht hatte, wurde das Geld für Steine und Mörtel knapp, und die Leute mussten Kredite aufnehmen.

Haben Sie Probleme mit zwanghafter Verschuldung? Viele, denen sexuelle Versuchungen zu schaffen machen, haben auch Schwierigkeiten mit dem Geld. Der Heilungsprozess kann teuer werden. Therapiesitzungen, Seminare und Rüstzeiten sind nicht billig. Manchmal werden Sie in Schulden geraten, weil Sie das Richtige für sich selbst tun wollen.

Wissen Sie, was die Israeliten damals taten? Sie verkauften ihre Kinder in die Sklaverei. Nehemia musste sie zurückkaufen. Manchmal werden Sie sich fragen, woher Sie die Zeit dafür nehmen sollen, zu Versammlungen und Beratungsstunden zu gehen. Sie werden sich vielleicht fragen: «Vernachlässige ich meine Kinder?» Doch Sie können Ihren Kindern nur dann ein tragfähiges, gesundes Vermächtnis hinterlassen, wenn Sie sich selbst helfen lassen.

In der Stadt gab es Leute, die überlegten, wie sie aus den Arbeiten Profit schlagen konnten. Nehemia nennt das «Ausbeutung» (Vers 7). Hüten Sie sich vor Menschen in Ihrem Leben, die aus Ihren Fehlern oder Ihrem Wunsch, wieder heil zu werden, Gewinn ziehen wollen. Heilung ist teuer. Vertrauen Sie Gott. Geben Sie das Geld aus – nicht wahllos, aber betrachten Sie es als die beste Investition, die Sie tätigen können.

Im sechsten Kapitel des Nehemia-Buches schließlich lesen wir, wie die Mauer fertig gestellt wurde. Nun waren nur noch die Tore und die Riegel anzubringen. Sanballat und Tobija wussten, dass sie mit einem direkten Frontalangriff nichts erreichen konnten. Irgendwie mussten sie Nehemia von der Mauer herunter und möglichst aus der Stadt heraus bekommen. Drei Pläne schmiedeten sie, um das zu erreichen. Der erste Plan war ein Treffen außerhalb der Stadt. Mit vorgetäuschter Freundschaft bauten sie ein Zelt auf und luden Nehemia ein, sich in diesem Zelt mit ihnen zu treffen. In Wirklichkeit wollten sie ihn umbringen.

Es muss durchaus verlockend für Nehemia gewesen sein, eine Pause von der harten Arbeit einzulegen und sich zu entspannen. Vielleicht hätte er auch gerne die Feindseligkeiten durch eine Versöhnung, einen Friedensprozess, beendet.

Auch auf dem Weg der Heilung kommt für uns ein Punkt, wo es verlockend erscheint, in der Anstrengung, eine starke Schutzmauer aufrechtzuerhalten, einmal eine Pause einzulegen. Die Feinde sind doch gar nicht so schlimm. Vielleicht sollten wir mit ihnen Freundschaft schließen. Es ist manchmal schon sehr einengend, hinter diesen Mauern bleiben zu müssen und sich nur innerhalb der Grenzen bewegen zu können. Oft sind Leute auf dem Weg der Heilung nach sechs bis achtzehn Monaten am stärksten in Gefahr, rückfällig zu werden.

Doch Nehemia sagte: «Ich habe keine Zeit für dieses Treffen, haltet mich nicht von meiner wichtigen Arbeit ab!» Wir müssen darauf vertrauen, dass unsere Arbeit, so ermüdend, eintönig oder prosaisch sie auch erscheinen mag, weitergehen muss. Klarmachen sollten wir uns auch, dass wir uns «anders» fühlen werden. Andere Männer und Frauen haben doch auch keine Probleme in diesem Bereich! ... Wieso müssen wir uns dann so stark schützen und einschränken? Das sind Gefühle, die uns angreifbar machen. Wir werden Soldaten um uns her brauchen, die uns daran erinnern, die Arbeit fortzusetzen.

Der zweite Plan, Nehemia von seiner Arbeit wegzulocken, war der heimtückischste. Die Feinde brachten ein falsches Gerücht (Vers 6) in Umlauf, Nehemia plane eine Revolte und wolle König werden! Damit wollten sie zum Ausdruck bringen, dass er bestrebt sei, extrem wichtig zu werden, und dass er zu Fall gebracht werden müsse. Dass er eine Bedrohung für den König von Babylon sei. Im Neuen Testament wurde diese Strategie mit derselben Art von Gerüchten und Falschmeldungen benutzt, um die Verhaftung Jesu herbeizuführen.

Nehemias Reaktion darauf fiel sehr knapp aus. Er sagte sinngemäß (Vers 8): «Das habt ihr euch ausgedacht! Ich komme nicht hinunter.»

Wenn jemand von uns versucht, sexuelle Sünde und Versuchung abzulegen und sein Leben neu auf Treue zu gründen, können wir sicher sein, dass viele dafür kein Verständnis haben werden. Vielleicht werfen sie dem Betreffenden sogar falsches Handeln und falsche Überzeugungen vor. Manche werden fragen, für wen wir uns eigentlich halten. Sie werden uns vorhalten, wir wären selbstgerecht. Dabei beneiden sie uns eigentlich nur um unseren Erfolg und warten nur darauf, dass wir einen Fehler machen. Elend hat gern Gesellschaft.

Manchmal werden Leute nicht verstehen, warum Sie unbedingt zu Versammlungen oder Therapiesitzungen gehen müssen oder warum Sie bei bestimmten Aktivitäten nicht mitmachen. «Warum hast du kein Kabelfernsehen? Nur weil du selbst in Versuchung bist?» Manchmal werden Sie es leid sein, missverstanden oder für «sonderbar» gehalten zu werden. Dann denken Sie an Nehemia, wie er auf der Mauer steht und sagt: «Ich komme nicht hinunter – den nächsten Stein, bitte.»

Die letzte Strategie, die sich Sanballat und die anderen Feinde einfallen ließen, stammte von Schemaja, der ein Invalide war. Er sagte zu Nehemia: «Wir müssen uns im inneren Raum des Tempels treffen und die Türen fest verschließen, sie wollen dich nämlich umbringen – noch heute Nacht!» (Vers 10).

Wer von Ihnen kennt nicht ein paar «Tempelbewohner», die

sich in Ihren Gottesdiensten kuschelig und sicher eingerichtet haben, aber nicht daran denken, ihren Glauben hinaus in die gefährliche Welt zu tragen?

Bisweilen wird es Ihnen ganz und gar nicht ungefährlich erscheinen, das Richtige für Ihren Schutz und Ihre Heilung zu tun. Zum einen ist es ziemlich riskant, anderen reinen Wein über Ihr Leben einzuschenken. Um anderen Rechenschaft zu geben, müssen Sie ihnen von Ihrer Vergangenheit, von Ihren Versuchungen und Gefühlen erzählen. Bei der Rechenschaft geht es um echte Intimität. Intimität bedeutet, dass Sie in Bezug auf sich selbst ehrlich sind.

Stellen Sie sich zum Beispiel vor, Sie sind im Supermarkt. Die meisten Supermärkte haben heutzutage jede Menge sexueller Anreize zu bieten. Angenommen, Sie sind mit ein paar Freunden zusammen, vielleicht sogar mit einer Gruppe aus Ihrer Gemeinde. Man könnte sagen, dass Sie dadurch, dass Sie in dieser Gruppe sind, unter Aufsicht stehen. Nehmen wir weiter an, irgendetwas, was Sie dort sehen, bringt Sie sexuell in Versuchung, aber Sie haben Angst, darüber zu reden. Durch Ihr Schweigen wird die Versuchung stärker. Sie kann sich einnisten und wachsen.

Stellen Sie sich im Gegensatz dazu vor, Sie sind im selben Supermarkt und begegnen derselben Versuchung, aber die Leute, die mit Ihnen zusammen sind, kennen Ihre Geschichte. Es ist eine Gruppe, mit der Sie über Ihre intimsten Erlebnisse, Gedanken, Versuchungen und Probleme reden. Dann wird es für Sie ganz selbstverständlich sein, auch die Versuchung zu erwähnen, die Sie gegenwärtig erleben. Indem Sie das vor dieser Gruppe tun, zerschlagen Sie die Macht der Versuchung.

Bedenken Sie, dass einer der Faktoren, die sexuelle Sünde am stärksten begünstigen, die Einsamkeit ist. Und eine der besten Abwehrmaßnahmen gegen die Versuchung ist es, wenn Sie das Risiko eingehen, ehrlich zu sein. Das Prinzip dahinter ist, dass Sie über Ihr Innerstes Rechenschaft geben müssen, und zwar gegenüber Leuten, die Sie kennen. Diese Art von Gemeinschaft hilft Ihnen, sich weniger einsam zu fühlen, was ebenfalls eine vorbeugende Wirkung hat. Intime Gemeinschaft mit anderen

Christen wird Sie meistens von lüsternen Gedanken und Versuchungen befreien. Natürlich ist es riskant, so ehrlich zu sein. Viele Gemeinden sind voller Menschen, die lieber in Sicherheit sind als ehrlich.

Bleiben Sie oben auf der Mauer. Gott ist unser Schutz. Wenn wir geduldig arbeiten, ist der Erfolg vielleicht gar nicht so weit entfernt, wie wir denken. Der Wiederaufbau der Mauer in Jerusalem dauerte nur 52 Tage (Vers 15).

Hier sind noch einmal die Grundprinzipien der Rechenschaft aus dem Buch Nehemia zusammengefasst:

1. Wir können nicht allein heil werden. Heilung ist eine lange Reise, und dazu brauchen wir eine Gemeinschaft von Kämpfern um uns her.
2. Eine Gemeinschaft besteht nicht nur aus einer einzelnen anderen Person. Dazu gehören Gruppen von Leuten, die an den schwächsten Stellen unseres Lebens «stationiert» sind.
3. Wir dürfen nicht warten, bis die Versuchung auftritt. Stattdessen müssen wir uns in den Momenten, wo wir stark und entschlossen sind, auf die Angriffe vorbereiten, von denen wir wissen, dass sie kommen werden.
4. Wir müssen Rechenschaft geben sowohl für die Verteidigung gegen den Angriff als auch dafür, ein besseres Leben für die Zukunft aufzubauen. Diese beiden Aktivitäten müssen sich in der Waage halten.
5. Rechenschaft geben heißt: absolut ehrlich sein. Das ist der einzige Weg zur Intimität. Intimität wiederum ist der einzige Weg, um sich weniger einsam zu fühlen. Die Gemeinschaft mit den Menschen, denen wir Rechenschaft geben, bringt uns die Freiheit von lüsternen Gedanken und Versuchungen.
6. Unsere Motivation zur Heilung sollte es sein, anderen und uns selbst zu dienen.
7. Wir werden müde sein, abgelenkt werden und uns selbst bemitleiden. Deshalb müssen wir Gott um die Kraft bitten, an der Aufgabe dranzubleiben, immer einen Tag nach dem anderen.

Wie kann ein Pastor, ein Gemeinde- oder Hauskreisleiter oder überhaupt irgendjemand Gemeinschaft finden? Im nächsten Kapitel gehen wir auf die emotionale Dimension gesunder Sexualität ein und überlegen, was wir tun müssen, um für Gemeinschaft zur Verfügung zu stehen.

7.
Die emotionale Dimension

Wir glauben, dass sehr starke Emotionen dahinter stecken, wenn ein Pastor oder eine Pastorin oder sonst eine leitende Person Pornografie konsumiert. Die ungelösten emotionalen Konflikte des Pastors oder Mitarbeiters können die Saat der sexuellen Sünde enthalten. Dem Betreffenden selbst ist das vielleicht gar nicht richtig bewusst. Viele Pastoren und Pastorinnen sind der Ansicht, dass ein Leiter solche Probleme nicht haben dürfe. Die Furcht davor, nicht perfekt zu sein, führt dazu, dass man versucht, die Saat der Sünde wegzurationalisieren oder ihr Vorhandensein zu leugnen.

Ein Gemeindemitarbeiter muss sich selbst täuschen, um sich der Pornografie hinzugeben. Das führt zu einem Doppelleben. Nach außen hin kann es scheinen, als ob der Betreffende ein vorbildliches Leben führt, selbst gegenüber der eigenen Familie. Innerlich jedoch ist er vielleicht bewusst oder unbewusst einsam, deprimiert, voller Sorge, Angst und Zorn.

Dieses Kapitel soll uns vor Augen führen, wie es geschehen kann, dass ein christlicher Mitarbeiter ein solches Doppelleben führt. Henry Ward Beecher sagt: «Ausreden für moralisches Versagen sind deshalb meistens Prozesse der Selbsttäuschung. Anfangs mag es noch nicht so sein. Doch mit der Zeit kommt ein Mensch, der sich selbst zu täuschen versucht, in einen Zustand, in dem er gar nicht mehr anders kann, als sich selbst zu täuschen. Ein Mensch kann sich innerlich die Augen ausreißen, so dass er am Ende tatsächlich nicht mehr sieht, dass eine Lüge eine Lüge ist und eine Wahrheit eine Wahrheit.»[1]

Viele von uns gehen schon unser Leben lang in die Gemeinde und versuchen dort, bei den anderen Eindruck damit zu machen, wie gut wir zurechtkommen. Probleme würden wir niemals zugeben, aus Angst, dann als minderwertige Christen eingestuft zu werden. Leider sind theologische Seminare oft keine Hilfe dabei, dieser Dynamik zu begegnen.

Marilyn Murray hat das folgende theoretische Modell entwickelt, das wir bei christlichen Mitarbeitern einsetzen, das so genannte «Scindo-Syndrom».[2] Darin werden sechs Möglichkeiten unterschieden, wie wir auf emotionalen Schmerz reagieren können. Lesen Sie sich die Definitionen durch und denken Sie darüber nach, wo diese Dimensionen in Ihrem Leben wirksam sind.

Das ursprüngliche, fühlende Kind

Das ist die Person, als die Sie bei Ihrer Geburt geschaffen wurden. Ihre Seele oder Ihre wahre geistliche Natur ist der Kern dieser Person.

Im Lauf der Jahre verlieren wir oft aus den Augen, wer wir innerlich sind. Während wir heranwachsen, lernen wir, unsere Gefühle zu verstecken, und werden oft dazu angehalten, uns mehr auf unsere kognitive Denkfähigkeit zu konzentrieren und unsere Gefühle oder die affektive Seite unseres Lebens weniger wichtig zu nehmen. Die verschiedenen Aspekte und Herausforderungen unseres Lebens ermutigen uns nicht dazu, unsere Individualität zu entwickeln. Gerade Pastoren würden wohl nur selten sagen, dass die Arbeit der Gemeindeleitung die Spontaneität und den ehrlichen Ausdruck von Gefühlen fördert.

Das weinende, leidende Kind

Ihr «See des Leides», der durch negative äußere Einflüsse (Missbrauch, Vernachlässigung, Krankheit etc.) entsteht, enthält schmerzhafte Gefühle (Furcht, Trauer, Zorn, Einsamkeit, Hilflosigkeit etc.). Die positive Seite ist, dass diese Erfahrungen Sie fähig machen können, Mitgefühl und Barmherzigkeit zu empfinden, zärtlich und fürsorglich zu sein.

Die meisten Pastoren und Pastorinnen haben einen riesigen «See des Leides» in ihrem Leben. Wir werden bombardiert mit Studien, die darauf hinweisen, wie viel Zorn in uns steckt, und die Verwirrung, das Gefühl, im Stich gelassen zu sein, und die tiefen Verletzungen benennen das Problem, das die meisten Leute im Pastorendienst zu bedrängen scheint.

Im Bestreben, uns vor unserem Schmerz zu verstecken, versuchen wir Leiter oft, unseren Emotionen auszuweichen oder sie zu betäuben, was wir aber manchmal nicht einmal merken.

Samuel befand sich seit ungefähr zwanzig Jahren im Pastorendienst, als er eine Therapie begann, weil er Pornografie konsumierte. Nach den ersten Berührungen mit Pornografie gelangte er schließlich auch auf Websites mit Kinderpornografie. Der nächste Schritt folgte, als er an einem Spielplatz stehen blieb und sich in sexuellen Fantasien über einige der Kinder erging. Sein Weckruf kam, als eine erwachsene Frau auf ihn zuging und ihn fragte, ob sie ihm «irgendwie helfen» könne. Er fasste es so auf, dass die Frau sich fragte, was er auf dem Spielplatz zu suchen hatte, und ihm wurde angst und bange bei dem Gedanken, dass sie genauso gut eines seiner Gemeindeglieder oder sonst jemand hätte sein können, der ihn kannte.

Er nahm all seinen Mut zusammen und sprach mit seinem besten Freund über den Vorfall. Dieser schlug ihm vor, einen Therapeuten aufzusuchen. In der Therapie setzte sich Samuel mit einer Menge innerer Schmerzen aus seiner Kindheit und mit seiner Rolle als Pastor auseinander. Als er die Schmerzen, die er in seinem Innern verschlossen hielt, unter die Lupe nahm, erfuhr er zum ersten Mal ein Stück Heilung.

Zu einem Aspekt seiner Therapie wurde die Berufsberatung, als er merkte, dass er vielleicht nie Pastor geworden wäre, wenn er seinen Schmerz vor dem theologischen Seminar aufgearbeitet hätte. Er habe nie eine Berufung von Gott erlebt, sagte er, sondern hätte sich durch seinen Schmerz dazu getrieben gefühlt, in den vollzeitlichen Dienst zu gehen.

Das kontrollierende Kind

Manchmal versuchen Menschen, ihren Schmerz mit allen Mitteln unter Kontrolle zu bringen. Einige häufige Abwehrmechanismen sind Repression, Betäubung (durch Essen, Alkohol, Drogen, Sex, Tabak) und Ablenkungstaktiken (Beziehungen, Schule, Arbeit, Gemeinde, Sport, Musik, Lesen, Fernsehen, Computer etc.).

Als Abwehrmechanismus ist Ihr «kontrollierendes Kind» dazu da, Ihnen in Zeiten des Schmerzes und der Not *vorübergehend* eine Hilfe zu sein. Außerdem hält Ihr kontrollierendes Kind Ihr Verantwortungsbewusstsein wach und hilft Ihnen, gesunde Grenzen zu setzen (es hindert andere daran, Sie zu schädigen, und es hindert Sie daran, andere zu schädigen).

In dieser Dimension scheinen die meisten Pastoren und Leiter ihr ganzes Leben zu verbringen. Die Strapazen des Gemeindedienstes verleiten dazu, in der Welt der Kontrolle zu leben. Viele christliche Mitarbeiter sind «kontrollsüchtig». Da zum Beispiel die meisten Pastoren nie gelernt haben, sich mit ihrem Schmerz auseinander zu setzen, nutzen sie eine Vielzahl von Mitteln, um ihre Emotionen unter Kontrolle zu halten.

Bei den meisten Pastoren sind die Arbeitszeiten dermaßen aus dem Gleichgewicht geraten, dass sie gar nicht dazu kommen, sich damit zu beschäftigen, was in ihrem Innern vorgeht. Deshalb neigen sie dazu, zu wenig auf ihr emotionales Wohlergehen zu achten. Wo keine Balance im Leben vorhanden ist, wird die Neigung, sich zu betäuben, umso größer. Viele christliche Mitarbeiter suchen ihren Ausweg durch «Drogen» wie Arbeit, Sex, Essen, Alkohol oder chemische Substanzen.

Matt war der Hauptpastor einer großen Gemeinde. Auf dem College war er ein erfolgreicher Sportler gewesen und hatte sich auch auf akademischem Gebiet hervorgetan. Während der Zeit auf dem theologischen Seminar war Matt sehr diszipliniert. Dann kam er in seiner Laufbahn auf die Überholspur und wurde in seinem Pastorendienst sehr erfolgreich. Matt arbeitete sieben Tage in der Woche und nahm sich nur selten einen Tag frei. Mit Pornografie kam er zum ersten Mal in Berührung, als ein junger

Mann in seiner Gemeinde ihn um Hilfe im Kampf gegen seinen eigenen Pornografiekonsum bat. Daraufhin sah sich Matt ein paar Pornoseiten im Internet an. Zu seiner eigenen Verblüffung wurde ihm das binnen kurzem zu einer Gewohnheit, mit der er nicht wieder aufhören konnte. Bald darauf beschäftigte er sich mindestens zwei oder drei Mal in der Woche mit Cybersex. Diese pornografischen Zwischenspiele waren seine einzigen Auszeiten in seiner unmenschlichen Arbeitsbelastung.

Sein Dr.-Jekyll-und-Mr.-Hyde-Leben erfüllte Matt mit abgrundtiefer Scham. Der Wendepunkt kam für ihn, als er die Aufgabe erhielt, die Angelegenheiten eines Kollegen zu regeln, der mehrere außereheliche Affären gehabt hatte. Daraufhin bekannte er einem befreundeten Therapeuten seinen Pornografiekonsum. Diese Person riet ihm, sich um professionelle Hilfe zu bemühen. In der Therapie wurde Matt klar, dass sein Innenleben seit vielen Jahren außer Kontrolle geraten war, trotz seiner Illusion, alles kontrollieren zu können. Er hatte sich nie erlaubt, auf seine Gefühle und ihre Auswirkungen auf sein Leben zu achten. So begann für Matt ein Heilungsprozess, der mit der Zeit sein persönliches und berufliches Leben sehr bereicherte.

In gemeinsamen Therapiestunden mit seiner Frau erkannte Matt auch, wie sehr er seiner Ehe geschadet hatte, indem er sich selbst und seiner Frau nicht genügend Zeit gegönnt hatte. Seine Frau hatte sich vernachlässigt gefühlt und ihre Gefühle dadurch überspielt, dass sie sich in die Arbeit als Leiterin eines Frauenbibelkreises stürzte. Beiden wurde klar, dass sie auf Kosten ihrer eigenen Ehe für andere dagewesen waren.

Darüber hinaus stellte Matt auch fest, wie sehr er seinen beiden Kindern geschadet hatte, da er für sie emotional nicht erreichbar gewesen war. An ihren Schulveranstaltungen nahm er zwar teil, aber ihre inneren Nöte vernachlässigte er. Die Familientherapie half ihm, diese Lücke zu schließen.

So öffneten sich nach und nach sämtliche Schleusen, nachdem Matt ein Problem in der Therapie angepackt hatte. Eine weitere unvorhergesehene, aber sehr erfreuliche Konsequenz seiner Therapie war, dass seine Beziehung zu Christus ganz neue Dimensionen bekam.

Der fühlende Erwachsene

Das ist das «Ziel» der Heilungsreise: die ganzheitliche Persönlichkeit – rational, vernünftig, vom Verstand geleitet, verantwortungsbewusst, doch zugleich zutiefst in Berührung mit ihren Gefühlen. Eine so gereifte Persönlichkeit kann Gefühle angemessen verarbeiten.

Es ist unwahrscheinlich, dass irgendjemand es bei dem Ziel, ein «fühlender Erwachsener» zu werden, bis zur Vollkommenheit bringt. Doch das Leben Jesu steht uns als Vorbild vor Augen. Die Evangelien zeigen uns etliche Beispiele, wo Jesus sich seiner eigenen Gefühle bewusst war und zugleich auf die Gefühle der Menschen um ihn her reagierte. Als er in Johannes 8,7 sagt: «Wer von euch noch nie gesündigt hat, soll den ersten Stein auf sie werfen!», da zeigt er ein sehr feines Gespür für die Fakten und Gefühle in dieser Situation. Statt zu verurteilen, nimmt er eine fürsorgliche Haltung ein. Diese ganzheitliche Verbindung von Verstand und Emotionen ist schwer zu erreichen.

Wenn Pastoren sich mit Pornografie beschäftigen, agieren sie keinesfalls als reife Persönlichkeiten, die mit ihren Gefühlen angemessen umgehen, und sie treffen auch keine guten Entscheidungen.

Das wütende, rebellische Kind

Diese Person ist unverblümt feindselig und ähnelt zwei Drähten unter Strom, die sich berühren. Sie ist aggressiv, fordernd, stur und jähzornig. («Sag *mir* nicht, was ich tun soll!», «Ich mache das auf *meine* Art!», «Mir ist egal, was du darüber denkst!»)

Viele von uns kennen Wutanfälle, etwa diejenigen, denen im Ältestenkreis oder in der Mitarbeitersitzung öfter mal der Kragen platzt. Wenn ein Pastor oder ein Mitarbeiter mit der Haltung «Ich mache das auf meine Art» und «Mir ist egal, was du darüber denkst» an seine Arbeit herangeht, dann werden bald die Funken fliegen.

Joe fand heraus, dass Pornografie für ihn eine Reaktion auf seinen Zorn gegenüber Jeff war, einem Gemeindeglied, mit dem er einen ständigen Machtkampf führte. Nach einer Sitzung, in der Joe und Jeff sich gegenseitig angeschrien hatten, merkte Joe, dass sein Pornografiekonsum und sein Masturbieren einige Stunden danach mit seiner Feindseligkeit gegenüber Jeff zusammenhingen. In der Therapie wurde ihm bewusst, dass dieses Muster ihn seit seiner frühen Jugend bis in seinen heutigen Dienst als Pastor begleitet hatte.

Das sture, selbstsüchtige Kind

Diese Person ist verschlossen, passiv-aggressiv und manipulativ. Sie spielt Spielchen. Sie ist trickreich, nachtragend, sehr von sich überzeugt und kann verführerisch oder promiskuitiv sein. («Das habe ich verdient», «Tu, was immer sich gut anfühlt.»)

Eine solche Person ist unvernünftig. Sie rationalisiert, um ihr Verhalten zu rechtfertigen. Sie will nicht über die Konsequenzen ihres Handelns nachdenken und weigert sich, Verantwortung zu übernehmen, und das meist, indem sie anderen die Schuld in die Schuhe schiebt. Solche Leute tun, was immer sie wollen, auch wenn sie wissen, dass ihr Handeln ihnen und anderen Menschen schadet. Sie sehen sich selbst als Opfer, obwohl sie selbst es sind, die sich und andere zu Opfern machen.

Hier werden Süchte geboren!

Diese Erkenntnis hilft uns, die Wurzeln des Pornografiekonsums insbesondere eines Pastors oder einer Pastorin zu verstehen. Wie viele von uns Pastoren können zugeben, dass wir stur oder selbstsüchtig sind? Pornografie bietet solchen Leuten einen «ungesunden», falschen Ausweg. Ein solcher Pastor glaubt, ein Anrecht zu haben. «Ich habe das verdient, weil ich so viel Zeit im Dienst für den Herrn verbringe», lautet eine häufige Rechtfertigung. Diese Person neigt dazu, andere Menschen und Dinge – zum Beispiel den Ehepartner oder Probleme im Dienst – für ihr Fehlverhalten verantwortlich zu machen.

Chuck war unglücklich in seiner Ehe und in seinem Dienst. In beiden Bereichen sah er sich selbst als Opfer. Ständig stritt er sich mit seiner Frau, die ihm seiner Meinung nach nicht genug Zuwendung gab. Und von den zusätzlichen Aufgaben des Gemeindelebens fühlte er sich überfordert.

Dann entdeckte Chuck, dass Pornografie ihn in einen veränderten Bewusstseinszustand führte, den er als für sich persönlich erfolgreicher empfand als Gebet oder Bibellesen. So wurde Pornografie zum täglichen Ritual für ihn. Allerdings löste sein Doppelleben auch akute Depressionen und Selbstmordgedanken aus. Wegen dieser Depressionen begann er die Therapie und erzählte seinem Therapeuten von seinem Pornokonsum. Durch die Therapie wurde Chucks Ehe wieder heil, und er entdeckte neue Wege, mit seinen Frustrationen im Dienst fertig zu werden. Mit der Pornografie hörte er auf.

Wir hoffen, dass diese Definitionen Ihnen eine Hilfe sind, Ihre eigenen Problembereiche zu analysieren und sich dort helfen zu lassen. Zum Glück können wir alle uns ändern und Befreiung von der Sklaverei der sexuellen Sünde finden. Allerdings gibt es keine Veränderung, ohne dass wir Gott und andere um Hilfe bitten. Wie diese Fallbeispiele gezeigt haben, müssen wir oft sehr hart persönlich und in der Therapie daran arbeiten, in unserem Verständnis und in der emotionalen und geistlichen Reife zu wachsen.

Um Ihnen zu helfen, die Gründe hinter Ihrem Pornografiekonsum und Ihren Süchten zu durchschauen, sei hier Patrick Carnes angeführt, der darüber geschrieben hat, wie Menschen mit Traumata und den daraus entstandenen Wunden aus ihrer Vergangenheit fertig werden. In seinem Buch *The Betrayal Bond* listet er Taktiken auf, die viele von uns schon angewendet haben, um Traumata zu verarbeiten:[3]

1. **Trauma-Reaktionen.** Diese liegen vor, wenn Ihr Verstand, Ihr Körper oder Ihr Geist Ihnen sagt, dass Sie sich fürchten. Sie können sich in Angstzuständen, Panikattacken und lebhaften, beunruhigenden Träumen äußern. Das besonders

Beängstigende daran kann sein, dass diese Dinge vielleicht gar keine erkennbare Ursache haben. Das gilt insbesondere dann, wenn Sie sich an das ursprüngliche Trauma gar nicht mehr bewusst erinnern. Der Stress der Angstzustände fordert seinen Tribut von Ihrem Körper in Form von Schmerzen. Geistlich können Sie das Gefühl haben, Gott habe Sie verlassen.

2. **Trauma-Wiederholung.** Damit ist das Muster gemeint, alte Verhaltensweisen zu wiederholen. Haben Sie sich selbst je gesagt: «Warum mache ich das denn jetzt schon wieder?» Manchmal hoffen wir unbewusst auf einen anderen Ausgang. Manchmal spielen wir ein Szenario immer wieder durch und versuchen, es unter Kontrolle zu bekommen. Bei sexuellem Missbrauch zum Beispiel kann es sein, dass wir missbräuchliche Situationen mit einer dieser beiden Strategien immer wieder durchspielen.

3. **Trauma-Bündnisse.** In diesem Modell versuchen Leute, Beziehungen aufzubauen, die es ihnen erlauben, alte Muster neu durchzuspielen. Es ist, als brauchten sie einen Mitschauspieler, um die Szenen neu zu schaffen. Dieses Modell erklärt, warum manche Leute, zum Beispiel Überlebende häuslicher Misshandlungen, immer wieder in Beziehungen zurückkehren, in denen Misshandlungen vorkommen. Sie hoffen auf einen anderen Ausgang oder auf wundersame Auflösungen. In anderen Fällen suchen Leute Beziehungen, die es ihnen erlauben, ihrerseits der Aggressor oder der misshandelnde Partner zu sein.

4. **Traumatische Scham.** Dieses Muster erzeugt schamerfüllte Menschen. Ihre Verwundungen haben ihnen die Überzeugung vermittelt, sie seien wertlos, und an diese Rolle gewöhnen sie sich. Sie geben sich depressiv und bedürftig, aber so, als wollten sie keine Hilfe. Jeder Versuch, ihnen zu helfen, ist frustrierend, weil sie zu einem großen Teil überhaupt nicht heil werden wollen.

5. **Traumatischer Genuss.** In diesem Muster finden Leute einen gewissen Genuss oder etwas Aufregendes daran, verwundet zu sein. Dafür gibt es eine Reihe von Gründen. Wenn die einzige Aufmerksamkeit, die sie je bekommen haben, darin besteht, dass sie misshandelt wurden, dann werden sie dieses Muster wiederholen, um Aufmerksamkeit zu bekommen. Leute, die sexuellen Missbrauch erlebt haben, sind sich vielleicht bewusst, dass die einzige Berührung, die ihnen je zuteil wurde, eine sexuelle Belästigung war. Und da jede Berührung ihnen lieber ist als gar keine, suchen sie nach genau dieser Art sexueller Beziehungen. Diese Dynamik erklärt zum Teil das Phänomen des Sadomasochismus. Dies sind Leute, die es offenbar genießen, gequält und gedemütigt zu werden. Wir müssen auch bedenken, dass nichts nur schwarz oder weiß ist. Ein sexueller Missbrauch in der Jugendzeit mag zwar schmerzhaft und beängstigend gewesen sein, aber er könnte für einzelne Personen zugleich auch sexuell erregend gewesen sein. Wenn diese beiden Dynamiken zusammentreffen, kann das Menschen dazu bringen, das Muster zu wiederholen, um dieselbe Erregung wieder zu verspüren.

6. **Trauma-Blockade.** Damit ist jedes Bemühen einer Person gemeint, den Schmerz, den sie aufgrund des Traumas hat, zu betäuben. Der naheliegendste Weg dazu besteht darin, die Gefühle durch Substanzen wie Alkohol, Kokain, Heroin, Koffein und Nikotin zu verändern. Auch sexuelle Fantasien können Gefühle verändern, wie auch eine Reihe von Verhaltensweisen, die geeignet sind, neurochemische Veränderungen zu bewirken. Dabei kann die betreffende Person sowohl eine Hebung als auch eine Senkung ihrer Stimmung anstreben.

7. **Trauma-Abspaltung.** Dieses Muster bedeutet, dass eine Person keine chemische Substanz und kein besonderes Verhalten braucht, um ihre Gefühle zu verändern. Jemand, der abspaltet, kann die Situation einfach «verlassen» oder sich davon

distanzieren. In schweren Fällen kann eine solche Person sogar scheinbar verschiedene Persönlichkeiten haben. Opfer von Vergewaltigungen zum Beispiel haben oft das Gefühl, sie seien in der Lage, ihren Körper zu verlassen. Wenn eine Person so sehr unter Schmerzen leidet, kann ihr Bewusstsein die Gedanken, die diese Schmerzen auslösen, nicht ertragen. In einfacheren Fällen kann dieses Muster bedeuten, dass die Person bestreitet oder nicht akzeptieren will, wie einsam, deprimiert oder ängstlich sie ist.

8. **Trauma-Abstinenz.** Dieses Muster veranlasst Betroffene dazu, alle Gedanken oder Verhaltensweisen zu meiden, die sie an ihren Schmerz erinnern. Solche Leute führen ein Leben dominiert vom Bemühen, irgendwelche Dinge zu meiden oder sich selbst vorzuenthalten. Die Generation, die den Zweiten Weltkrieg erlebte, durchlitt das Trauma der Wirtschaftsdepression und des Krieges. Bei vielen dieser Leute blieb das traumatische Gefühl zurück, nicht «genug» zu haben. Deshalb sparten sie alles und leiden zumindest nicht an dem starken Bedürfnis nach Selbstverwöhnung, wie es bei den jüngeren Generationen der Fall ist. Das ist nicht weiter schlimm, es sei denn, es bringt sie dazu, kein Geld für Dinge auszugeben, die sie brauchen oder die ihnen Freude machen würden. Viele von ihnen hinterlassen ein großes Vermögen.

Manche Leute leiden von der Vergangenheit her sehr unter ihrem Aussehen. Deshalb hungern einige (Anorexie), um sicherzustellen, dass sie ihr Gewicht unter Kontrolle haben. Menschen, die sexuell missbraucht wurden, können eine Abwehr gegen Sex aufbauen (sexuelle Anorexie), um nicht an diesen Schmerz erinnert zu werden. Manche Leute gehen nicht einmal gern aus dem Haus, weil die Welt im Allgemeinen ihnen zu viel Angst einjagt (Agoraphobie).

Die Befreiung von einer dieser traumatischen Reaktionen ist eine Heilungsreise. Das ist kein einfacher Prozess, und er erfordert Mut und die Bereitschaft, sich dem Schmerz der ursprünglichen Wunde zu stellen und ihn zu verstehen. In den meisten Fällen bedeutet das eine Rückkehr zu Kindheitserinnerungen. Aus unserer Sicht gehören folgende Schlüsselelemente zu einer Heilungsreise:

1. Finden Sie einen sicheren Ort, um Heilung zu suchen, und suchen Sie Menschen, mit denen Sie das gefahrlos gemeinsam tun können.

Menschen, die sich davor fürchten, sich für den Schmerz ihrer Gefühle verwundbar zu machen, brauchen einen sicheren Ort dafür. Leider erleben viele Menschen die christlichen Gemeinden nicht als solche sicheren Orte. Ehrlich sein zu wollen in einer Gemeinde ist oft mit der Furcht davor verbunden, was die anderen wohl denken werden. Das gilt besonders für Pastoren. Darum erscheinen Therapeuten und Selbsthilfegruppen vielen besser geeignet. Sicher ist ein Ort dann, wenn wir dort ehrlich sein können, ohne uns vor Verurteilung fürchten zu müssen.

Das geschieht oft dann, wenn es anderen in der Gruppe ebenfalls gelingt, ehrlich zu sein. Solche Leute haben ähnliche Kämpfe hinter sich und können aus der gemeinsamen Zerbrochenheit heraus Bestätigung und Annahme vermitteln.

2. Geben Sie sich die Erlaubnis, zu dem Kind in Ihrem Innern zurückzukehren.

Ob es uns gefällt oder nicht, jeder von uns hat ein Kind in seinem Innern. Die Entwicklungspsychologen sagen, dass wir so alt sind wie unsere letzten Entwicklungsleistungen. Viele von uns verhalten sich bisweilen wie Drei- oder Vierjährige, wenn sie einen Wutanfall haben oder sich bedürftig geben. Die meisten von uns haben Erinnerungen gespeichert, die von einem Moment auf den anderen die damit assoziierten Gefühle auslösen können. In den meisten Fällen brauchen wir vertrauenswürdige und fachkundige Menschen, die uns bei der Aufgabe unterstützen, diesen Erinnerungen und Gefühlen auf den Grund zu gehen. Am Ende dieses Kapitels werden wir eine Übung beschreiben, die Ihnen helfen kann herauszufinden, was Ihre sexuellen und romantischen Fantasien Ihnen über Ihre Wunden verraten könnten.

---

3. Erkennen und akzeptieren Sie Ihren Zorn.

Christen haben manchmal Angst vor ihrem Zorn. Zornesäußerungen scheinen ihnen nicht mit dem christlichen Zeugnis vereinbar zu sein. Dabei sollte uns schon allein das Buch der Psalmen deutlich machen, dass heftiger Zorn durchaus mit eindrucksvollen Glaubensäußerungen einhergehen kann. Auch Jesus selbst wurde zornig.

Zorn geht nicht einfach davon weg, dass er keinen Ausdruck findet. Stattdessen kann er zu einer Reihe von Problemen führen, darunter unerklärliche Panikattacken, Wutanfälle oder Depressionen. Manche von uns schleppen schon seit unserer Kindheit Zorn mit uns herum, den wir nie auszudrücken wagten. Vielleicht ist es an der Zeit, das eben doch zu tun.

---

4. Trauern Sie um Ihre Verluste.

Das Trauern ist eine der langwierigsten Etappen der Reise. Vielleicht haben Sie einfach nicht die Liebe und Zuwendung bekommen, die Sie brauchten. Das ist eine traurige Sache, die Sie nicht übersehen sollten. Wie der Zorn geht auch die Trauer nicht einfach weg, aber sie kann verborgen werden. Kennen Sie Leute, die depressiv oder körperlich krank wurden, nachdem sie einen geliebten Menschen verloren hatten? Untersuchungen über Trauer haben gezeigt, dass Leute, die nach einem Verlust ihre Gefühle nicht ausdrücken können, äußerst gefährdet sind. Schon ein sicherer Ort, um über den Verlust zu sprechen, ist eine hervorragende Therapie.

---

5. Akzeptieren Sie die Wahrheit über sich selbst.

Das heißt ganz einfach: Glauben Sie daran, dass Sie «wunderbar und einzigartig gemacht» sind und das Leid nicht verdient haben, das Ihnen widerfahren ist. Vielleicht fällt es Ihnen schwer, das zu glauben. Dann brauchen Sie andere Menschen in Ihrem Leben, die Ihnen diese Wahrheit zusprechen und Ihnen Bestätigung geben können.

---

6. Setzen Sie neue Grenzen.

Wir haben bereits erörtert, wie Grenzen verletzt werden können, so dass dadurch Schaden entsteht. Wahrscheinlich haben Sie nie gelernt, was gesunde Grenzen sind, und haben keine Vorstellung davon, wie Sie sie für sich selbst festlegen können. Auch dies ist ein Indikator dafür, dass Sie vielleicht andere Leute brauchen, die Sie anleiten und Ihnen helfen, Ihre Grenzen zu wahren.

---

7. Finden Sie den Sinn in Ihrem Schmerz.

Körperlicher Schmerz hat Ähnlichkeit mit emotionalem und geistlichem Schmerz. Er kann für uns ein Hinweis auf etwas sein, was wir ändern müssen. Er kann uns dazu drängen, mutiger zu werden. Oder er kann uns von unserem eigenen Stolz befreien und uns helfen, uns mehr auf Gott zu verlassen. Auf jeden Fall bringt unser Schmerz uns dazu, uns mit dem Schmerz anderer Menschen identifizieren zu können und barmherziger zu sein. Jakobus, der Bruder Christi, sagt: «Liebe Brüder und Schwestern! Betrachtet es als Grund zur Freude, wenn euer Glaube immer wieder hart auf die Probe gestellt wird. Denn durch solche Bewährungsproben wird euer Glaube fest und unerschütterlich. Bis zuletzt sollt ihr so unerschütterlich festbleiben, damit ihr in jeder Beziehung zu reifen Christen werdet und niemand euch etwas vorwerfen kann oder etwas an euch zu bemängeln hat» (Jakobus 1,2–4).

---

8. Vergeben Sie denen, die Sie verletzt haben.

Viele unserer Klienten bleiben im Heilungsprozess stecken, weil sie nicht daran denken, denen zu vergeben, die sie verletzt haben. Etliche halten an ihrem Zorn fest, um nicht erneut verletzt zu werden. Auf der anderen Seite sind manche Christen mit der Vergebung zu schnell bei der Hand. Es gilt, die richtige Balance zu halten. Wir dürfen das Vergeben nicht vergessen. Manchmal müssen wir sogar so handeln, als hätten wir jemandem vergeben, noch bevor wir empfinden, dass wir es tatsächlich getan haben.

Corrie ten Boom, eine großartige Zeugin Gottes, sah ihre Schwester in einem Konzentrationslager der Nazis sterben. Jahre später sprach sie auf einer Veranstaltung und erkannte im Publikum einen der grausamsten KZ-Wärter von damals wieder. Deutlich spürte sie Gottes Befehl, sie solle diesem Mann vergeben. Entgegen allem, was ihr Verstand ihr sagte, zwang sie sich, ihm die Hand zu reichen und ihm zu sagen, dass sie ihm vergab. Dieses Erlebnis empfand sie als ungemein befreiend.

Solche Heilung ist eine lebenslange Reise. An manchen Tagen werden wir uns immer wieder dazu durchringen müssen, über unsere Gefühle zu sprechen, uns Unterstützung zu holen und aufs Neue zu vergeben. Das ist die Erfahrung des Lebens.

Ihre Fantasien verstehen

Wir alle haben Fantasien. Sie müssen nicht unbedingt sexueller oder romantischer Art sein. Bei manchen von uns zum Beispiel drehen sich die Fantasien um den Sport – wie wir die letzte Kugel versenken, ein Tor schießen oder ein Turnier gewinnen. Manche von uns identifizieren sich mit einer Sportmannschaft und sehen sich in ihrer Fantasie als Mitglieder dieser Mannschaft. Wozu sind diese Fantasien da? Bei manchen Leuten sind sie vielleicht ein Heilmittel gegen die Wunden vergangener sportlicher Misserfolge.

Einige von uns haben finanzielle Fantasien. Wir stellen uns vor, wie es wäre, wenn wir im Lotto gewinnen würden. Was würden wir mit dem vielen Geld machen? Wir fantasieren vielleicht über Dinge wie Autos, Jachten oder Häuser. Solche Fantasien können unseren Unsicherheiten entgegenwirken, unter denen wir leiden, weil wir kein Geld haben oder hatten. Sie können uns aber auch vorgaukeln, dass andere uns mögen werden, wenn wir nur Geld oder Besitztümer haben. Manche von uns kommen sogar auf den Gedanken, wir könnten mehr Sex bekommen, wenn wir alles mögliche Materielle besäßen. Viele Männer zum Beispiel glauben, wenn sie das Auto ihrer Fantasie hätten, flögen die Frauen nur so auf sie.

Fantasien sind Versuche, Wunden zu heilen. Sie korrigieren unsere Selbstwahrnehmung und bringen uns zu anderen Ergebnissen. Sie können bewirken, dass wir uns geliebt, angenommen, bestätigt und geschätzt fühlen. Betrachten Sie unter diesem Aspekt Ihre sexuellen oder romantischen Fantasien. Es kann sein, dass wir sie als Heilmittel gegen unser Gefühl verwenden, ungeliebt oder nicht liebenswert zu sein. Sie bringen uns Gedanken an Berührung und Erregung. Sie bringen uns Gedanken an Liebe und Romantik. Sexuelle und romantische Fantasien können auch ein Weg sein, um Situationen aus der Vergangenheit neu durchzuspielen, um zu einem anderen Ausgang zu kommen oder die Rollen zu tauschen. Anstatt Opfer zu sein, können wir in unseren Fantasien diejenigen sein, die die Kontrolle ausüben.

Ein weiteres Prinzip bei Fantasien ist, dass viele der darin vorkommenden Personen und Ereignisse symbolisch sein können. Die Menschen in unserer Vorstellung können für tatsächliche Personen in unserer Vergangenheit oder Gegenwart stehen. Bestimmte Verhaltensweisen können ein Symbol für Kontrolle oder Macht sein. Fantasien haben einen starken Einfluss. Sie können sogar unsere Neurochemie und unsere Stimmung verändern. Wenn wir über eine aufregende Romanze oder eine sexuelle Eroberung fantasieren, kann der Adrenalinstoß, den diese Gedanken in uns auslösen, unsere Stimmung heben. Wenn wir über Zuwendung, Liebe und Romantik fantasieren, können wirkungsvolle Substanzen in unserem Gehirn uns beruhigen und unsere Ängste beschwichtigen.

Darum sollten Sie sich bewusst machen, worüber Sie fantasieren. Nehmen Sie sich eine Minute Zeit und versuchen Sie innerlich still zu werden. Fragen Sie sich: «Wie sehen meine sexuellen und romantischen Fantasien aus? Welche davon habe ich am häufigsten durchgespielt?» Betrachten Sie sie unter den folgenden vier Fragestellungen:

1. Wer kommt in Ihren häufigsten Fantasien vor? Wie sehen diese Personen aus? Welche anderen körperlichen Merkmale haben sie, die sie für Sie in romantischer oder sexueller Hinsicht besonders attraktiv machen?
2. Wie verhalten sich die Personen? Lächeln sie, oder schauen sie finster? Sind sie freundlich? Was sagen Ihnen ihre Augen? Was sagen sie selbst? Wie behandeln sie Sie?
3. Wo spielt Ihre häufigste Fantasie? Wie sieht die Umgebung aus? Ist es drinnen oder im Freien?
4. Was geschieht in Ihren Fantasien? Welcher Art sind die sexuellen oder romantischen Aktivitäten?

Sie werden vielleicht feststellen, dass schon eine dieser Fragestellungen die für Sie persönlich aufschlussreichsten Ergebnisse erbringt. Vielleicht ist Ihnen egal, wie die Leute in Ihren Fantasien aussehen, solange sie nur immer nett sind. Oder Sie legen gar keinen Wert auf die sexuelle Handlung, solange die andere Person nur ein bestimmtes Aussehen hat. Oder Ihnen kommt es nur darauf an, wo sich das Ganze abspielt oder was für eine Handlung stattfindet.

Was ist Ihre häufigste Fantasie? Manchen von Ihnen hilft es vielleicht, darüber nachzudenken, welche Arten von Pornografie sie am häufigsten benutzen. Für andere ist es eine Hilfe, sich daran zu erinnern, welche Fantasien sie einsetzen, um sich selbst zu befriedigen oder sich beim Sex mit ihrem Ehepartner zu erregen.

Sollten Sie feststellen, dass diese Übung Sie zur Begierde angestachelt hat, rufen Sie jemanden an und reden Sie darüber, wie Sie sich fühlen. Versuchen Sie dann, die folgenden Prinzipien anzuwenden, um Ihre Fantasien zu interpretieren:

1. Die Person, die darin vorkommt, *sieht vielleicht so aus* wie die Person, von der Sie am stärksten vernachlässigt wurden.
2. Die Person, die darin vorkommt, *sieht vielleicht so aus oder verhält sich so*, dass Sie daraus Trost und Zuwendung empfangen. Vielleicht ist sie die «Zauberin», die all Ihre Liebesbedürfnisse stillen kann.
3. Es kann sein, dass die Leute, die darin vorkommen, symbolische körperliche Merkmale haben. Ein Lächeln könnte für Warmherzigkeit stehen. Bestimmte Haarfarben weisen auf gewisse Eigenschaften hin, die Ihnen vielleicht wichtig sind.
4. Auch der Schauplatz kann symbolisch für eine Reihe von Dingen stehen. Möglicherweise repräsentiert er unmittelbar eine Szene aus Ihrer Vergangenheit, in der Sie sich geborgen fühlten. Oder er steht für einen Ort, von dem Sie sich vorstellen, dass Sie dort Trost finden. Es könnte auch ein Ort sein, der für Sie Erregung oder Leidenschaft repräsentiert. Andererseits kann es auch sein, dass Ihnen an diesem Ort Leid zugefügt wurde, nur dass der Ausgang der Geschichte in Ihrer Fantasie anders ist oder Sie derjenige sind, der die Kontrolle ausübt.
5. Das, was geschieht, kann genauso aus realen Erinnerungen aus der Vergangenheit wie aus vorgestellten Fantasie-Situationen stammen. Vielleicht fantasieren Sie über Dinge, die

Ihnen passiert sind, weil sie Trost oder Erregung in Ihnen hervorriefen. Vielleicht stellen Sie sich einen anderen Ausgang vor. Denken Sie daran, dass alle sexuellen Aktivitäten bestimmte Eigenschaften symbolisieren können.

Manche Fantasien drehen sich um Zorn. Wenn Sie daran denken, jemandem wehzutun, steckt dahinter vielleicht ein alter Zorn, den Sie gegen jemanden hegen.

Seien Sie behutsam mit sich selbst. Denken Sie daran, dass keine Sünde Sie von der Liebe Gottes trennen kann (Römer 8,31–39). Kein sexueller Gedanke und keine sexuelle Handlung ist so pervers, dass Gott sie nicht vergeben könnte. Reden Sie mit jemandem über das, was Sie entdecken. Bitten Sie den oder die Betreffende, Ihnen zu helfen, herauszufinden, was Ihre Fantasien aussagen. Ihre Fantasien sind ein Fenster in Ihre Seele.

Wenn wir unsere Fantasien verstehen und ihnen eine Stimme geben und wenn wir auf gesunde Weise die Liebe und Zuwendung finden, die wir brauchen, kann es sein, dass die Fantasien verschwinden.

Für die Heilung ist es notwendig, dass wir Orte und Menschen finden, bei denen wir uns sicher fühlen. Wenn wir beides finden, haben wir eine Gemeinschaft geschenkt bekommen, in der wir geborgen sind. Gemeinschaft ist entscheidend für unsere Heilung von emotionalem Schmerz. Gemeinschaft bietet uns die Möglichkeit, gesunde Beziehungen zu unseren Ehepartnern und anderen Menschen zu haben. Beziehungen sind so wichtig für die Heilungsreise, dass wir uns in den nächsten beiden Kapiteln damit beschäftigen werden.

8.
Die Beziehungsdimension, Teil eins

Bei der Beziehungsdimension geht es um unser Grundbedürfnis nach Gemeinschaft mit anderen. Dazu gehört die Beziehung zwischen Mann und Frau ebenso wie das Netz unserer Freundschaften. Da Einsamkeit ein wesentlicher Faktor bei sexueller Sünde ist, sind gesunde Beziehungen ein entscheidendes Gegenmittel. Der Mangel an Intimität in unseren wichtigsten Beziehungen trägt zu unserer sexuellen Gefährdung bei.

Allzu oft werden die Worte «Intimität» und «Sex» austauschbar verwendet. In diesem Buch geht es um sexuell sündhaftes Verhalten als Ersatz für Intimität. Gerade Pastoren und Pastorinnen und Leiter ganz allgemein haben manchmal jede Menge Bekannte, aber nur sehr wenige intime Freunde. Dafür, dass gerade Geistliche nur sehr wenig Intimität in ihrem Leben haben, kann es verschiedene Gründe geben: Probleme in der Ursprungsfamilie, das Bestreben, tiefe Beziehungen zu Mitgliedern der eigenen Gemeinde zu meiden, oder auch eine «Intimitätsbehinderung» in ihrem eigenen Leben.

Für viele von uns ist es eine der größten Herausforderungen, sich auf wahre Intimität einzulassen. Der Weg zur Intimität steckt voller Widersprüche. Zum Beispiel lösen gute Beziehungen manchmal unangenehme Gefühle in uns aus, während es uns in ungesunden Beziehungen großartig gehen kann. Wir wünschen uns Nähe, brauchen zugleich aber auch Distanz. Wir sehnen uns danach, anderen gegenüber «wir selbst» zu sein, fühlen uns zugleich aber auch gezwungen, uns zu schützen, indem wir bestimmte Aspekte dessen, wer wir wirklich sind, verbergen.

Wahrscheinlich würden jedem von uns Beispiele für dieses Dilemma einfallen. In Ralph Earles Anfangszeit als Sexualtherapeut schätzte er noch allzu naiv ein, welches Leid im Leben eines Menschen durch Pornografie entstehen kann. Je mehr Geschichten von Pastoren und Gemeindemitarbeitern er hörte, desto deutlicher wurde ihm, welche enorme Macht die Pornografie über das Leben vieler Geistlicher hat. Wir sehnen uns nach Menschen, zu denen wir enge Beziehungen haben können, doch häufig treiben uns unsere eigenen Ängste dazu, vor jeder Chance zur Intimität davonzulaufen.

Intimität erfordert harte Arbeit. Sie setzt gegenseitige Anteilnahme und das Mitteilen unserer innersten Gedanken und Gefühle voraus. Dabei werden wir zwangsläufig verwundbar für mögliche Verletzungen durch den anderen. Wir müssen bereit sein zuzugeben, dass wir andere brauchen. An jeder Ecke lauern Gefahren auf uns. Wir fürchten uns davor, unseren Lebensstil ändern zu müssen, weniger Kontrolle über unser Leben zu haben, unsere Unabhängigkeit aufgeben zu müssen, erneut verletzt zu werden oder einen anderen zu verletzen. Wir fürchten uns davor, jemand könnte herausfinden, dass wir gar nicht die beeindruckenden Leute sind, als die wir immer erscheinen möchten. Wir stehen vor dem Risiko, eine so starke Bindung an jemanden zu entwickeln, dass wir am Boden zerstört sind, wenn diese Person uns verlässt.

Pornografie ist verführerisch, weil sie keinen direkten Kontakt zu einem anderen Menschen erfordert. Sie ist etwas, was wir kontrollieren zu können glauben. Wir können sie aufschlagen oder zuklappen, den Computer einschalten oder ausschalten. Deshalb lässt die Furcht vor wahrer Intimität Pornografie oft sehr verlockend erscheinen.

Hier sind acht Kennzeichen wahrer Intimität:

1. Vertrauen
2. Selbstwertgefühl
3. Positive Wertschätzung gegenüber anderen
4. sich aufeinander verlassen
5. Toleranz für Konflikte, Unklarheit und Unvollkommenheit

6. Selbstoffenbarung
7. Mut
8. Vorbild für Intimität[1]

Diese Eigenschaften zu erreichen, fällt vielen von uns sehr schwer. Pornografie eröffnet uns einen schnellen Ausweg, ohne uns so viel abzuverlangen wie eine Beziehung. Oftmals sind Pastoren und christliche Mitarbeiter durch die ständigen Begegnungen mit Menschen ausgebrannt. Sicher, sie können immer noch funktionieren, auch ohne Intimität. Intimität ist eine Kunst, und nur wenige unter uns sind bereit, Künstler zu werden.

Leider ist Intimität niemals eine Errungenschaft, die man abhaken kann, sondern sie muss in einer Beziehung immer wieder neu genährt werden. Es wäre großartig, wenn in unseren theologischen Seminaren und Gemeinde-Workshops auch eine adäquate Schulung in Intimität angeboten würde.

Pornografie erzeugt sexuelle Isolation. Intimität bedeutet, sich emotional einem anderen Menschen gegenüber zu offenbaren. Manipulation und Intimität passen nicht zusammen. Intimität hat nie etwas damit zu tun, Vergnügen darin zu finden, nach anderen Leuten zu schauen oder außerhalb einer gesunden Beziehung zu fantasieren. Eines der größten Probleme mit Pornografie ist, dass das Verlangen danach uns von der Intimität wegführt und in uns ein Bedürfnis nach immer neuen Arten von Erlebnissen erzeugt.

Allzu häufig kommt es vor, dass jemand mit so genannten «Softpornos» einsteigt und irgendwann merkt, dass sie langweilig werden. Denn wie schon geschildert, entwickelt das Gehirn eine Toleranz. Nur wenigen Betroffenen gelingt es, ihrem Pornokonsum Grenzen zu setzen. Je mehr sie sich dafür isolieren, desto geringer wird die Chance, in ihren wichtigen Beziehungen Intimität zu entwickeln. Wenn ein Pastor oder eine Pastorin Pornografie konsumiert, dreht er oder sie sich nur noch um sich selbst. Eine solche Person hat überhaupt keinen Raum mehr, für andere da zu sein.

Jeder von uns braucht andere Menschen. Diesem Bedürfnis

können wir auf konstruktive oder auch auf sehr destruktive Weise nachgehen. Wenn Sie aus einer Familie kommen, in der wenig Emotion oder Zuneigung gezeigt wurde, und dann jemandem begegnen, der Ihnen sehr gefühlvoll entgegenkommt, könnten Sie versucht sein, solche Gefühlsäußerungen mit Intimität gleichzusetzen. Patrick J. Carnes schreibt: «Aber wenn sich diese Gefühle um Dramatik, Verrat und leidenschaftliche Versöhnungen drehen, ist es keine *Intimität*. Es ist nur *Intensität*. Und diese Intensität nimmt uns ganz und gar in Anspruch und kann zur Sucht werden.»[2]

Die Versuchung liegt nahe, Intimität mit einer suchtartigen Beziehung zu verwechseln. Vermutlich ist das jedem von uns irgendwann schon einmal passiert. Selbst in der Ehe ist es möglich, die neurotischen Interaktionen mit den gesunden Komponenten zu verwechseln. In ihrem Buch *Is It Love or Is It Addiction?* schreibt Brenda Schaeffer: «Bei echter Liebe kann man tatsächlich erleben oder spüren, dass sie aus dem Herzen kommt. Viele geistliche Denkrichtungen betonen, dass das Herz die Brücke zwischen unserer menschlichen und unserer geistlichen Erfahrung ist.»[3]

Nur wenige christliche Mitarbeiter würden ihren gewohnheitsmäßigen Pornokonsum als geistliche Erfahrung bezeichnen. Andererseits stellen Pastoren oft ihre außerehelichen Affären als geistliche Beziehungen dar. Manchmal greifen sie zu allen möglichen Rationalisierungen, um ihr Verhalten religiös zu bemänteln. Die meisten Geistlichen und ihre Ehepartner würden sagen, dass sich in ihren Ehen die Routine breit gemacht hat. Die starken Belastungen, denen die Ehen von Pastoren und christlichen Mitarbeitern ausgesetzt sind, sind den meisten von uns bewusst. Deshalb ist es eine enorme Aufgabe, Intimität zu erreichen und zu erhalten.

Ein verführerischer Aspekt der Pornografie ist ihre leichte Verfügbarkeit, besonders seit es Pornografie im Internet gibt. Internet-Beziehungen sind nicht intim. Dafür erlaubt das Internet eine «Dosis auf die Schnelle», ohne dass man dafür Intimität initiieren oder erhalten muss. Cybersex bietet eine Möglichkeit, die bei der Prostitution nicht zu finden ist, da dabei kein anderer Mensch direkt beteiligt sein muss. Man kann viele sexuelle Beziehungen gleichzeitig unterhalten, indem man verschiedene Chaträume frequentiert.

Patrick Carnes schreibt: «Wahrscheinlich bedient kein anderes Medium das Bedürfnis nach anonymem Sex besser als das Internet. Es bietet absolute Anonymität. Häufig macht gerade das Risiko durch unbekannte Personen und Situationen die Attraktion für diese Leute aus. Die Betroffenen gehen ausschließlich zu dem Zweck online, jemanden, den sie nicht kennen, als Sexpartner zu finden. Anonymer Sex hat per definitionem nichts mit einer Beziehung zu tun. Beim anonymen Sex muss man nicht werben, verführen, austricksen oder auch nur bezahlen. Er ist einfach nur Sex.»[4]

Daher ist es nicht überraschend, dass das Internet gegenwärtig die größte Gefährdung in Sachen Pornografie für Pastoren und alle anderen darstellt. Die Verfügbarkeit von Material ganz nach den sexuellen Vorlieben jedes Einzelnen, verbunden mit Erschwinglichkeit und Anonymität, ergibt eine höchst fatale Kombination.

Manchmal geben sich christliche Mitarbeiter dem Gedanken hin: «Ich darf mir das gönnen, weil ich so viel Zeit im Dienst für den Herrn und für andere Menschen verbringe.» Es ist erstaunlich, wie erfindungsreich wir sein können, wenn es darum geht, Verhaltensweisen vor uns selbst zu rechtfertigen, die in direktem Gegensatz zu unserem Glauben und unserem Wertesystem stehen.

Richard erzählte uns, er habe geglaubt, nichts Falsches zu tun, wenn er mitten in der Nacht Pornobilder im Internet anschaute, da er damit ja seiner Arbeit oder seiner Familie keine Zeit wegnahm. Also war er über drei Jahre lang mindestens zweimal in der Woche online gegangen, um Sex zu erleben. Irgendwann merkte er, dass eine dieser Sexzeiten im Internet regelmäßig samstagabends stattfand, bevor er am Sonntag predigte. Der Pornografiekonsum wurde fast zu einem Ritual für ihn. Unnötig zu erwähnen, dass er *niemandem* von dieser neuen Dynamik erzählte, die er in seine Predigtvorbereitung einbrachte. Dieses Verhalten nahm ein abruptes Ende, als seine

Frau Pam eines Tages in sein Arbeitszimmer kam und ihn beim Betrachten von Pornobildern erwischte. Daraufhin arbeiteten die beiden an ihrer Ehe, und er setzte einen Vertrag auf, nach dem er nie wieder eine Pornoseite im Internet besuchen würde.

Doch Richard und Pam bekamen die Macht der Pornografie später zu spüren, als Richard sich wieder einmal im Netz eine Dosis holte. Pam entdeckte seinen Rückfall, als sie seinen Computer benutzte. Diese Entdeckung führte zu einer intensiveren Therapie, die schließlich weitere Rückfälle verhinderte.

Viele verheiratete Pornokonsumenten sind der Auffassung, sich mit Pornografie zu beschäftigen sei nicht dasselbe, wie seinen Ehepartner zu betrügen. Irgendwann merken sie jedoch, dass Pornokonsum gar nicht so verschieden ist von einer Affäre, denn er bedeutet, dass man sich außerhalb der ehelichen Beziehung sexuelle Befriedigung verschafft.

Wir haben bereits von der Rolle gesprochen, die Kindheitserlebnisse für die gestiegene Anfälligkeit für Pornografie spielen. Internetpornografie gibt uns die Möglichkeit, uns von traumatischen Erfahrungen zu distanzieren, wie es Kinder durch Fantasien und emotionale Distanzierung tun. Wenn also ein Pastor oder eine Pastorin über seinen oder ihren Ehepartner, die Kinder oder die Belastungen des Dienstes frustriert ist, wird der Cybersex zum immer verfügbaren «Freund». Aufgrund der Anonymität scheint das sogar «sicherer Sex» zu sein.

Das Internet bietet die Möglichkeit, sich mit anderen auszutauschen und zugleich eine Barriere zwischen dem Anwender und anderen Leuten aufrechtzuerhalten. Carnes schreibt:

> Cybersex bietet die ultimative Pseudoverbindung zu einem anderen Menschen, die perfekte unpersönliche persönliche Beziehung ohne Stress, Ansprüche oder Verbindlichkeit. Cybersex gibt dem Anwender die Möglichkeit, die Person am anderen Ende der Computerverbindung wahrhaft zum Objekt zu machen. In der Realität ist man immer noch gezwungen, sich auf irgendeiner Ebene damit auseinander zu setzen, dass man einen Menschen vor sich hat. Er oder sie steht vor einem, bewegt sich, atmet, redet und so weiter.

Im Internet ist nichts wirklich da, außer einem flackernden Bild auf einem Computermonitor.[5]

Und im Gegensatz zu einer ehelichen Beziehung lässt sich diese Affäre jederzeit mit einem Mausklick beenden.

Die Ausbreitung von Cybersex geht in einem phänomenalen Tempo vonstatten.

- Nach dem Stand vom Januar 1999 hatten die fünf meistbesuchten kostenpflichtigen Porno-Websites 19 542 710 verschiedene Besucher, während die fünf meistbesuchten kostenlosen Websites jeden Monat 98 527 275 verschiedene Besucher verzeichneten.
- Im November 1999 zeigten die Zahlen von Nielsen Net Ratings, dass im September 12,5 Millionen Surfer von zu Hause aus Pornoseiten besuchten, eine Steigerung innerhalb von nur sechs Monaten um 140 Prozent.
- Mehr als 100 000 Websites dienen der Vermarktung von Sex in irgendeiner Form, wobei Chaträume, E-Mails oder andere Kanäle für sexuelle Kontakte im Web nicht gezählt wurden.
- Jeden Tag kommen etwa 200 auf Sex spezialisierte Websites dazu.
- Der Handel mit Sex ist der drittgrößte Wirtschaftsbereich im Internet (die ersten beiden Plätze belegen Software und Hardware) mit einem Umsatz von jährlich einer Milliarde Dollar.[6]

Diese Statistiken verdeutlichen, wie berauschend Cybersex auf viele Menschen wirkt, darunter leider auch auf viele christliche Mitarbeiter. Wenn ein Christ regelmäßig Cybersex anwendet, hat er im Allgemeinen das Gefühl, die Macht dieser Gewohnheit sei stärker als seine eigene Macht, das Verhalten aufzugeben. Verstärkt wird die Gewohnheit durch die Isolation. Viele Pastoren und Gemeindemitarbeiter suchen die Isolation aufgrund ihres Persönlichkeitstyps und aufgrund von Stressfaktoren in der Familie oder im Beruf. Internetpornografie bietet einem christlichen Mitarbeiter die Möglichkeit, den Forderungen anderer Menschen aus dem Weg zu gehen. Wenn ein Pastor oder eine Pastorin das Gefühl hat, dass andere zu viel von ihm oder ihr verlangen, bietet die Droge Cybersex einen Fluchtweg.

Ein Pastor berichtete uns, er habe zum ersten Mal aus purer Neugier eine Pornoseite aufgesucht, nachdem einige Gemeindeglieder ihm bekannt hatten, dass sie Internetpornografie konsumierten. Seine Minirecherche aus Neugier wandelte sich rasch zu einem chronischen Verhaltensmuster, bis auch er selbst täglich Pornografie konsumierte. Er war schockiert über sich selbst, dass ihm so etwas passieren konnte. Unter anderem machte es ihm die leichte Zugänglichkeit der Seiten schwer, wieder damit aufzuhören. Sein Weckruf kam, als ein Computerexperte in der Gemeinde ihm bei einem Computerproblem half und auf dem Rechner seines Pastors die Liste regelmäßig besuchter Pornoseiten entdeckte. Bald darauf begann der Pastor mit einer Therapie.

Da Intimität und Pornografie im Gegensatz zueinander stehen, müssen wir lernen, unsere Fähigkeit, Intimität mit anderen zu entwickeln, zu fördern. Dazu ist es hilfreich, ein «Intimitätsresümee» aufzusetzen, das alles enthält, was Sie einem Partner in einer intimen Beziehung zu bieten haben. In dieses Resümee gehören beispielsweise ihre körperlichen Merkmale, alles, was Sie gut können, und jede positive persönliche Eigenschaft, die Ihnen einfällt. Listen Sie alles auf, was Sie gerne tun, die wichtigsten Themen, über die Sie sich gern unterhalten, und die vielen Dinge, über die Sie gerne im Gespräch mit anderen mehr erfahren würden. Fassen Sie Ihre bisherigen Erfahrungen zusammen, die Sie als einen intimen Partner qualifizieren.

Es dürfte selten vorkommen, dass jemand, der gerade in Cybersexaktivitäten verwickelt ist, eine solche Bilanz zieht. Internetsex macht es schwieriger, Intimität mit Gott, mit sich selbst und mit Menschen zu entwickeln, die Ihnen wichtig sind.

Eine weitere Übung besteht darin, die Punkte aufzulisten, an denen Sie intimitätsbehindert und besonders intimitätsfähig sind. Intimitätsbehinderungen sind Ihre Schwächen in der Pflege intimer Beziehungen zu anderen. In der Kategorie «intimitätsfähig» können wir mit unseren Stärken in diesem Bereich angeben. Egal, wie abhängig wir von Pornografie sein mögen, wir alle haben unsere Stärken und Schwächen, wenn es um Intimität geht. Nehmen Sie sich Zeit, Ihre Intimitätsfähigkeit zu analysieren:

Intimitätsbehindert	**Intimitätsfähig**
1.	**1.**
2.	**2.**
3.	**3.**
4.	**4.**
5.	**5.**

Die Bibel präsentiert uns durchweg einen Gott, der uns zur Intimität mit ihm und mit anderen Menschen auffordert. Auch das Leben und Wirken Jesu deutet darauf hin, dass das Achten auf sich selbst und auf andere ein zentraler Bestandteil des christlichen Lebens ist. Es wäre wunderbar, wenn die Hingabe an Christus und sein Werk uns automatisch helfen würde, regelmäßig die Intimität mit ihm zu pflegen. Auch wenn wir vor wirklich liebevollen Beziehungen Angst haben, ist es für unsere Heilung unerlässlich, dass wir solche Beziehungen aufbauen. In der Isolation können wir nicht von sexueller Sünde frei werden, auch wenn viele Pastoren und Pastorinnen durch Isolation und Zähnezusammenbeißen versuchen, auf den «schmalen Weg» zurückzukommen. Aber wer es schafft, seine Intimitätsfähigkeit zu steigern, wird großen Lohn ernten.

Sex und Intimität waren für die Kirchen und Gemeinden immer schwierige Themen. Leider haben die Leute in unseren Gemeinden mit Cybersex mindestens ebenso häufig Probleme wie die Bevölkerung insgesamt. Dennoch nehmen nur wenige Gemeinden dieses Thema in Angriff. Es ist verständlich, dass es für einen Pastor oder eine Pastorin eine Angstvorstellung ist, sich in diesem Bereich die Blöße zu geben. Meistens neigen wir eher dazu, jemanden, der an dieser Stelle ehrlich wird, kreuzigen zu wollen, als dazu, unseren Beitrag zu einer erlösenden, versöhnenden Gemeinschaft zu leisten.

Das Traurige daran ist, dass Pastoren und Gemeindemitarbeiter sich manchmal außerhalb der christlichen Gemeinschaft Hilfe suchen müssen. Aber natürlich hat es keinen Sinn, dass ein Pastor sexuelle Probleme bekennt, wenn absehbar ist, dass die Gemeinde darauf reagiert wie ein Lynchmob. Kirchliche Gemeinschaften müssen daher ihre Reaktion auf Intimitätsbehinderungen innerhalb der Gemeinden und in der christlichen Welt allgemein überprüfen. Keine Glaubensrichtung kann es sich leisten, die gewissenhafte Selbstkritik einer solchen Überprüfung zu vernachlässigen. In dieser Hinsicht sitzen wir alle, die wir Wert auf geistliche Integrität legen, im selben Boot. Es kann doch nicht sein, dass der geistliche Dienst der einzige Beruf ist, in dem geschädigte Mitarbeiter nicht wieder Fuß fassen können, nachdem sie gründlich geheilt wurden und weiterhin Vorbeugung gegen Rückfälle betreiben.

David und Amy Olson schreiben: «Der wichtigste Bereich, in dem sich glückliche und unglückliche Paare unterscheiden, ist die *Kommunikation*.»[7] Es liegt auf der Hand, dass Intimität eine beständige positive Kommunikation voraussetzt. Vor allem dann, wenn ein Partner Internetpornografie konsumiert hat, werden Kommunikationsmuster zu einem wesentlichen Faktor in der Selbstoffenbarung, die nötig ist, um sexuelle Sünde aufzuarbeiten. Zum Glück gibt es Hilfsmittel, mit denen wir lernen können, besser zu kommunizieren, wie etwa das «Awareness Wheel» und der «Listening Cycle» von «Interpersonal Communications Programs»[8].

Je schmerzhafter das Gesprächsthema, desto wesentlicher ist es, die Kommunikation zu verbessern. Es ist ernüchternd, wenn man zuhört, wie ein Pastor seiner Frau beichtet, dass er Pornografie konsumiert hat. Nancy ist seit über dreißig Jahren mit John, einem Pastor, verheiratet. Soweit sie wusste, war er ihr sexuell nie untreu gewesen. John sagt, dass er während fünfundzwanzig Jahren ihrer Ehe nie Pornografie angeschaut oder eine außereheliche Affäre gehabt hatte. Dann stieß er, während er Computergames spielte, auf Pornodarstellungen im Internet. Als er schließlich jede Woche acht bis zehn Stunden am Computer verbrachte, begann Nancy sich Gedanken um seine

Zeiteinteilung und die wenigen Stunden zu machen, die er für die Familie übrig hatte. Dann fand sie heraus, dass er die meiste Zeit am Computer damit verbrachte, pornografische Websites zu besuchen. Sie wurde sehr wütend und forderte ihn auf, auszuziehen. Das Ehepaar machte eine sehr schmerzhafte Zeit durch, während John eine Therapie begann und sich Selbsthilfegruppen wie den Anonymen Sexsüchtigen anschloss. Nancy fand Hilfe bei den Anonymen Co-Abhängigen. Darüber hinaus schlossen sich beide zusammen einer Zwölf-Schritte-Gruppe für Paare an.

Beide fanden, dass sie sich in diesen Zwölf-Schritte-Gruppen erheblich sicherer fühlten als jemals zuvor, wenn sie einander oder anderen etwas mitteilen wollten. Eine interessante, aber nicht seltene Dynamik ist, dass beide sagten, dass sich ihre Beziehung zu Gott stark verbesserte, während sie ein Zwölf-Schritte-Arbeitsbuch durcharbeiteten und an Einzel- und Paartherapien teilnahmen. Zuerst wollte sich keiner von beiden einer «säkularen» Gruppe anschließen. Doch dann entdeckten beide dort eine große Geborgenheit und Freiheit von der Sorge ums eigene Image. So fanden sie zu einem Maß an Intimität in ihrer Kommunikation, das in ihrer Ehe etwas völlig Neues war.

Ein hilfreiches Werkzeug bei der Bewältigung von Problemen mit Internetpornografie sind die «Intimitätskreise», entwickelt von Marilyn Murray, die Paaren, Einzelpersonen und Familien helfen, auf den Weg zur Heilung zu finden. Unnötig zu erwähnen, dass die meisten von uns als Pastoren jederzeit predigen und lehren würden, dass die folgende Herangehensweise biblisch ist. Doch es ist nicht einfach, diesem Anspruch auch in unserem Leben gerecht zu werden, und das führt zu vielen Übertretungen. Die Intimitätskreise bieten uns allen einen Rahmen für gesündere Beziehungen zu uns selbst, zu Gott, zu unserer Familie und zu anderen. Für Pornografie gibt es keinen Platz in den Intimitätskreisen. Beurteilen Sie anhand dieser Methode Ihr persönliches Leben, indem Sie die Informationen in die Schaubilder eintragen und mindestens einem Menschen, der Ihnen nahe steht, mitteilen, was Sie herausgefunden haben.

INTIMITÄTS-, VERANTWORTUNGS- UND WIRKUNGSKREISE

Kreis Nr.:

1. Gott und Sie

Wenn Sie nur sich selbst im ersten Kreis haben (siehe Seite 144), sind Sie narzisstisch und selbstsüchtig.

Wenn bei Ihnen nur Gott im ersten Kreis steht, sind Sie in Gefahr, ein Märtyrer zu sein. Ihre körperliche und emotionale Gesundheit wird Schaden nehmen. Nur *Sie* können Ihre Gesundheit erhalten.

Wenn Sie irgendjemanden oder irgendetwas außer Gott und sich selbst im ersten Kreis haben, wird das eine Störung verursachen – intellektuell, emotional, körperlich, geistlich und in Ihren Beziehungen.

Intimität mit einem anderen, auch mit Gott, können Sie nur in dem Maße entwickeln, in dem Sie mit sich selbst intim sind, sich selbst kennen und verstehen.

2. Eltern und Geschwister (falls Sie ein Kind sind)

oder

2a. Ehepartner oder Lebenspartner (falls Sie ein Erwachsener sind)

2b. Minderjährige Kinder (die noch zu Hause wohnen)

Es wird schmerzhaft für Sie sein,

- wenn jemand Ihren Kreis Nr. 2 verlässt;
- wenn Sie jemanden in Ihrem Kreis Nr. 2 haben, der Sie nicht in seinem Kreis stehen hat, oder umgekehrt;
- wenn Sie mehr als einen Erwachsenen im Kreis Nr. 2 haben (einen Ehepartner *und* ein Elternteil oder einen Liebhaber/eine Geliebte, ein erwachsenes Kind oder jemand anders).

3. Ältere Kinder, minderjährige Kinder (die nicht mehr zu Hause wohnen), Enkelkinder, enge Familienangehörige und Freunde, mit denen Sie intimen Austausch haben können

Viele Menschen haben einen großen Freundes- und Bekanntenkreis, haben aber nicht das Gefühl, ihnen ihre Geheimnisse und Gefühle anvertrauen zu können. Männer haben oft keine Freunde in ihrem dritten Kreis. Sie haben vielleicht Kumpels, mit denen sie auf die Jagd, zum Fischen, zu Sportveranstaltungen oder zur Arbeit gehen, aber intimen Austausch pflegen sie nicht mit ihnen. Solche Männer erwarten oft von ihren Frauen,

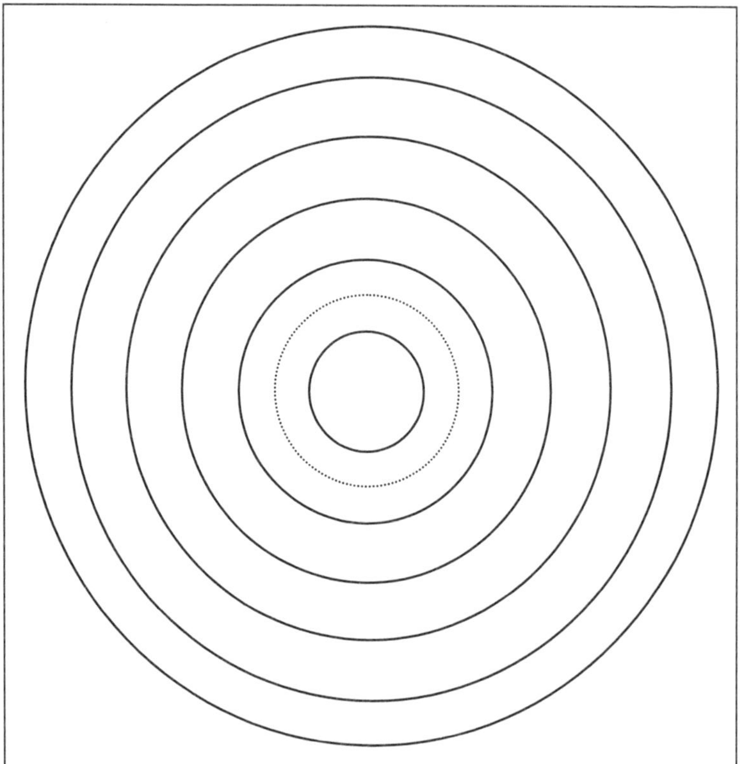

Die verschiedenen Intimitäts-, Verantwortungs- und Wirkungskreise (gemäß Earle & Laaser).

dass sie sowohl den zweiten als auch den dritten Kreis bei ihnen ausfüllen.

4. und 5. Familie, Freunde, Arbeitskollegen, Bekannte etc.

In welchen Kreis diese Personen gehören, hängt auch von der Häufigkeit des Kontakts ab. Hier kann viel Fluktuation herrschen, besonders wenn Sie oft umziehen oder verreisen.

Süchte, Jobs, Aktivitäten, Haustiere usw. können sich ebenfalls in Ihren Kreisen befinden. Ihre *Verantwortung* gegenüber anderen ergibt sich direkt aus ihrem Standort in Ihren Kreisen. Um festzustellen, wo eine Person oder eine Sache in Ihren Kreisen einzuordnen ist, denken Sie über den *Einfluss* nach, den diese Person oder Sache auf Sie ausübt. Die Fähigkeit, Ihnen Freude oder Schmerz zu verursachen, bestimmt, wie nahe jemand oder etwas dem Zentrum Ihrer Kreise steht.

Wie Sie entscheiden, wer in Ihren zweiten und dritten Kreis gehört:

1. Ist dies eine *sichere* Beziehung?
2. Bin ich bereit, mich ihm oder ihr gegenüber verwundbar zu machen?
3. Vertraue ich ihm oder ihr?
4. Ist er oder sie ehrlich zu mir?
5. Ist die Beziehung einseitig?
6. Gibt es einen beiderseitigen Austausch?
7. Gibt es gegenseitigen Respekt?
8. Gibt es gegenseitige Zuwendung?
9. Ist die Beziehung für beide Seiten lohnend?
10. Genieße ich es, mit ihm oder ihr zusammen zu sein?
11. Freut er oder sie sich, mit mir zusammen zu sein?
12. Zeigt er oder sie sich erfreut, mich zu sehen?
13. Kann ich ihm oder ihr gegenüber mein «ursprüngliches, fühlendes Kind» sein (siehe Seite 114)?
14. Fördert er oder sie mein «ursprüngliches, fühlendes Kind» und bringt es auch zum Vorschein?

15. Finde ich es angenehm/entspannend, mit ihm oder ihr zusammen zu sein, oder bin ich dabei ständig angespannt und beklommen?
16. Finden wir uns gegenseitig interessant?
17. Was ist meine «Vorgeschichte» mit ihm oder ihr? Haben wir über längere Zeit hinweg fröhliche, traurige und/oder auch interessante Zeiten miteinander erlebt?
18. Was sind unsere gemeinsamen Interessen?
19. Haben wir gemeinsame Werte?
20. Wie häufig haben wir Kontakt zueinander?

In diesem Buch schlagen wir immer wieder «Hausaufgaben» vor. Die Intimitätskreise können uns helfen, das zu praktizieren, was wir glauben und predigen. An dieser Art und Weise, Intimität zu betrachten, ist sicher nichts bahnbrechend Neues dran, aber bei den meisten von uns klaffen große Lücken zwischen dem, was wir glauben, und unseren Absichten und unserem Verhalten.

In unseren Gesprächen mit Pastoren und Pastorinnen und Mitarbeitern stellen wir fest, dass sie nur selten Gott, sich selbst und ihren Ehepartner über die Arbeit stellen. Dieses Problem gibt es nicht nur bei Gemeindeleitern. Doch der Gedanke, «das Werk des Herrn» zu tun, hat etwas an sich, was sie dazu verführt, ihr Leben aus dem Gleichgewicht geraten zu lassen. Pastorenkinder berichten häufig, dass Vater oder Mutter in ihrer Kindheit ständig abwesend waren. Es ist traurig, dass die meisten von uns mit diesen Problemen kämpfen, während wir unsere Arbeit tun.

Leider hören wir von vielen Pastoren und Pastorinnen, dass sie niemanden haben, mit dem sie über schmerzhafte Gefühle in ihrem Leben sprechen können, besonders im Blick auf ein Thema wie Internetpornografie. In der Therapie erzählen sie uns oft, dies sei das erste Mal, dass sie je mit jemandem über ihr Doppelleben gesprochen haben.

Die meisten Pastoren befassen sich auch mit Eheberatung und wissen deshalb, dass man als Ehepaar in der Beziehung zueinander leicht in eine Routine verfällt. Wie wir wissen, ist eine solche Routine nicht mit Intimität zu vereinbaren. Die meisten Pastoren und ihre Ehepartner kümmern sich nicht um notwendige Veränderungen, bis ein bedeutendes Ereignis sie dazu zwingt. Die Entdeckung, dass jemand Pornografie im Internet konsumiert, ist eine solche Krise. Sie erfordert schwerwiegende «chirurgische» Eingriffe im Leben des Leiters und seines Ehepartners.

Mike und Joan kamen in die Therapie, nachdem Mikes Pornografiekonsum aufgedeckt worden war. Beide äußerten, dass ihre Beziehung in der Routine feststeckte, und langweilten sich in ihrer Beziehung und miteinander. Ich sagte ihnen, damit hätten sie völlig Recht, denn ich fände sie auch langweilig. Bevor ich das sagte, hatte ich gebetet und Gott um Hilfe gebeten, mich verständlich auszudrücken. Sofort fielen die beiden aus ihrer gelangweilten Haltung heraus und wurden wütend auf mich. Nachdem wir dieser Dynamik auf den Grund gegangen waren, lachten wir darüber.

Jeder von uns kann die Routine in einer Beziehung durchbrechen. Ein passender witziger Spruch ist nur eines der Mittel dazu. Gelächter über sich selbst ist manchmal ein billiges, jederzeit verfügbares Heilmittel in der Beziehung eines Ehepaares. In Sprüche 17,22 wird uns sogar gesagt, dass Lachen gut für die Gesundheit ist: «Ein fröhlicher Mensch lebt gesund; wer aber ständig niedergeschlagen ist, wird krank und kraftlos.» Lachen und Spielen mit Ihrem Ehepartner ist eine gesunde Möglichkeit, Ihre Beziehung zu bereichern.

Eine weitere Hausaufgabe, die wir Paaren oft aufgeben, besteht darin, beide Partner spielen zu lassen. Wir fordern sie auf, sich zum Beispiel mit Wasserpistolen zu beschießen, mit Wasserbomben zu bewerfen, Verstecken zu spielen oder irgendetwas zu tun, um die Monotonie ihrer Beziehung zu durchbrechen. Selbst Eltern, die sehr gut mit kleinen Kindern spielen können, machen sich als Paar nur selten einen Spaß zusammen. Es ist so leicht, in die Routine zu verfallen und einfach immerzu ernst zu sein.

Eine weitere Möglichkeit für ein Paar besteht darin, abwechselnd einen gemeinsamen Abend zu planen, wobei jeder Partner etwas zu unternehmen versucht, woran beide Spaß haben, indem er immer berücksichtigt, was der andere Partner ausgesprochen gerne tut.

Wenn ein Mann und eine Frau aufgrund von Internetpornografie in die Therapie kommen, ist es wahrscheinlich nicht die oberste Priorität, zusammen auszugehen und sich einen schönen Abend zu machen, während der Zorn darüber, hintergangen worden zu sein, noch zwischen ihnen steht. Erst muss der Schmerz verarbeitet werden, der in der Beziehung steckt. Das Gute an der Zerbrochenheit, die durch sexuelle Sünde entsteht, ist, dass das Paar nun eine tiefere Intimität entwickeln kann, als es sie vorher hatte.

Ein häufiges Problem bei Ehepaaren im Gemeindedienst ist, dass die meisten oder gar alle geselligen Zeiten, die sie zusammen haben, Gemeindeaktivitäten sind. Das blockiert fast immer jede Intimität.

Carnes schlägt eine hilfreiche Maßnahme für Paare vor, deren Beziehung durch Pornografie beschädigt wurde: «Überwinden Sie sexuelle Scham, indem Sie sich gegenseitig Bestätigung geben. Die Paare, die am besten zurechtkamen, legten viel Gewicht auf die Strategie der gegenseitigen Bestätigung. Machen Sie Ihrem Partner Komplimente. Bestätigen Sie alles Positive, was Sie an seiner oder ihrer sexuellen Ausstrahlung und an Ihrer gemeinsamen Sexualität finden. Hören Sie damit nicht wieder auf.»[9]

Wir ermutigen Ehepaare regelmäßig dazu, einander in die Augen zu sehen und zu sagen, was sie am anderen mögen, ohne es durch ein «Ja, aber ...» einzuschränken. Egal, wie viel Frustration, Verletzung, Zorn oder Scham vorhanden ist, wir glauben, dass es wichtig ist, gerade in der Krise durch den Schmerz hindurchzudringen und die positiven Aspekte des anderen zu bestätigen. Intimität aufrechtzuerhalten ist nicht leicht. Doch es ist möglich, eine tiefe Intimität in der Beziehung eines Paares wiederzuerlangen oder sogar zum allerersten Mal zu erlangen, wie viel Frustration es zuvor auch immer erlebt haben mag.

Im nächsten Kapitel werden wir uns konkreter mit der

Wiederherstellung von Ehen beschäftigen, die durch sexuelle Sünde beschädigt wurden. Vertrauen kann wieder aufgebaut werden, und ein neues und leidenschaftlicheres Maß der Intimität kann erreicht werden. Lesen Sie weiter, es gibt Hoffnung.

9. Die Beziehungsdimension, Teil zwei

In diesem Kapitel wenden wir uns konkret an diejenigen, die Beziehungen wieder kitten möchten, die durch sexuelle Sünde oder Sucht beschädigt wurden. Wir wissen, dass das Reparieren und Wiederaufbauen solcher Beziehungen zu den schwierigsten Dingen gehört, die es gibt. Außerdem wissen wir aber auch, dass es eine der lohnendsten Unternehmungen ist. Wir haben mit Hunderten von Paaren gearbeitet, die eine intimere Beziehung entwickeln konnten.

In christlichen Kreisen wird für diesen Prozess oft das Wort «Wiederherstellung» verwendet. Ehen, die durch Untreue beschädigt wurden, werden *wiederhergestellt*. Wir stellen die Treue in unseren Ehen wieder her, kehren zurück zu der Heiligkeit unserer Eheversprechen.

Dieses Wort «wiederherstellen» sollte jedoch nicht so verstanden werden, dass man «zurückgeht» an einen Punkt, an dem in der Ehe noch alles «in Ordnung» war, etwa «in den ersten Jahren». Debbie und Mark Laaser bekamen früher zum Beispiel oft zu hören: «Kehrt doch einfach zurück zu der Liebe, die ihr zueinander hattet, als ihr euch kennen lerntet.»

Solche Ratschläge lassen den Prozess, durch den in der Ehe im Lauf der Zeit Intimität aufgebaut wird, völlig außer Acht. Sie gehen davon aus, dass irgendwann einmal alles gut war und dann irgendwie aus der Spur geraten ist.

Doch wenn wir einfach nur die Geschichte zurückdrehen, kehren wir nur zu demselben Maß der Einsamkeit zurück. Wohlgemerkt, wir schieben sexuelle Sünde nicht auf Störungen in der Ehe. Auch die größte Distanz in einer Ehe rechtfertigt keine sexuelle Sünde. Meist waren beide Partner in einer solchen Ehe einsam und haben ihre eigenen emotionalen und geistlichen Probleme schon mit an den Altar gebracht. Wahrscheinlich wussten sie nichts von diesen Problemen – erst durch ihr Verheiratetsein kamen sie ans Licht. Bei der Wiederherstellung geht es in Wirklichkeit darum, zu lernen, wie wir diese Probleme bewältigen und wie wir Intimität mit Gott und miteinander aufbauen können.

Eine unserer Grundannahmen in Bezug auf Ehen, in denen Untreue vorgekommen ist, ist die, dass an ihrem Anfang zwei verwundete Menschen standen, die zueinander fanden. Mark Laaser und seine Frau vergleichen dies nach Pat Carnes mit den Eigenschaften von «Wärmelenkraketen». Im siebten Kapitel haben wir von den verschiedenen Trauma-Reaktionen gesprochen, die Menschen zeigen können. Eine davon, das «Trauma-Bündnis», tritt dann auf, wenn zwei verwundete Menschen einander finden und hoffen, miteinander ihre Wunden verarbeiten zu können. Dabei muss jeder der beiden seine Rolle spielen und eine ähnliche Absicht haben. Das läuft zum großen Teil unbewusst ab.

Als Pat zum Beispiel vor den Altar trat, um Shirley zu heiraten, erinnerte er sich überhaupt nicht daran, dass er als kleines Kind von seinem Vater sexuell missbraucht worden war. Ihm war auch nicht bewusst, dass seine Mutter ihm emotionale und geistliche Zuwendung vorenthalten hatte. Pats Mom war keine schlechte Mutter, aber sie war distanziert und unsicher. Sein ganzes Leben lang hatte er Trost durch Pornografie und Selbstbefriedigung gesucht. Jetzt, als er seiner Braut gegenüberstand, hoffte er, sie würde die Antwort auf seine ganze Einsamkeit und Bedürftigkeit sein. Bei seinem Aufbruch in die Flitterwochen hoffte er überdies, der Sex in der Ehe würde ihn von seinen sexuellen Versuchungen befreien.

Für sein Buch *Don't Call It Love* untersuchte Carnes Sexsüchtige und ihre Ehepartner. Dabei fand er heraus, dass 81 Prozent aller Sexsüchtigen sexuell missbraucht, 74 Prozent körperlich misshandelt und 97 Prozent emotional misshandelt wurden. Das Erstaunliche war, dass diese statistischen Werte bei den Ehepartnern genauso ausfielen.[1] Diese Studie legt den Schluss nahe, dass Sexsüchtige sich als Ehepartner Menschen aussuchen, die ähnliche Wunden tragen wie sie. Angesichts dieser gleichmäßigen statistischen Werte dürfte es für zwei solchermaßen verwundete Menschen schwer sein, miteinander zu einer gesunden Sexualität zu finden.

Der einzige Weg, um eine Beziehung zu heilen, die durch solche Wunden belastet ist, besteht unserer Ansicht nach darin, dass sich sowohl der Mann als auch die Frau gleichermaßen darum bemühen. Das ist natürlich für Paare, die es mit sexueller Sünde zu tun haben, in der ersten Zeit nach der Entdeckung nicht einfach. Sexuelle Sünde verursacht Schmerzen und Verletzungen für den Ehepartner. Sie kann beim Ehepartner Erinnerungen an vergangene Schädigungen auslösen, die ihm bisher nicht bewusst waren. Das kann sich wie ein doppelter Schaden auswirken – der Schmerz der alten Wunden multipliziert sich mit dem Schmerz der neuen Wunden. Nicht weiter erstaunlich, dass es manche Ehepartner so schwer haben.

In der ersten Zeit nach der Aufdeckung sexueller Sünde ist es sehr wichtig, dass beide Ehepartner Unterstützung erhalten. Leider ist es für den verletzten Partner oft schwerer, diese Unterstützung zu finden. Viele Ehepartner von Pastoren und Pastorinnen zum Beispiel bekommen sogar die Schuld an der sexuellen Sünde ihrer Partner zugeschoben. Viele Leute gehen von der unzutreffenden Vorstellung aus, dass ein Pastor bestimmt nicht auf Abwege geraten wäre, wenn seine Frau ihm sexuell mehr zur Verfügung gestanden hätte. Dieses Denken zeigt, wie schwer es vielen Leuten fällt, zu akzeptieren, dass ein Pastor alles andere als vollkommen ist (und deshalb muss ja jemand anders an allem schuld sein).

Viele Ehepartner erzählen Horrorgeschichten davon, wie sie selbst von der kirchlichen Hierarchie zu hören bekamen, sie sollten doch «vergeben und vergessen» und sich sexuell verfügbarer machen, dann würde schon alles in Ordnung kommen. Elisabeth zum Beispiel hatte gerade erfahren, dass ihr Mann dabei erwischt worden war, wie er am Gemeindecomputer pornografisches Material herunterlud. Es war wie ein Keulenschlag für sie. Sie befand sich in einem Schockzustand und hatte alle Mühe, um der Kinder willen weiterzufunktionieren. Mit anderen Frauen darüber zu reden, war ihr zu peinlich. Eines Abends, wenige Wochen später, standen einige der männlichen Gemeindeältesten bei ihr in der Tür. Sie hatten eine Tüte aus einem Wäschegeschäft dabei und sagten ihr, wenn sie sich des Inhalts bedienen würde, würde alles wieder gut werden.[2] Als ob durch Reizwäsche Heilung möglich wäre ...

Derartige Geschichten erinnern uns daran, dass der Ehepartner eine Menge Unterstützung von Menschen braucht, die die verheerenden Auswirkungen des Problems verstehen. Erst später, wenn ein gewisser «Normalzustand» wiederhergestellt ist, wird der Ehepartner in die Lage versetzt, sich möglicherweise mit seinem eigenen Ballast auseinander zu setzen. Mark Laasers Frau Deb hat diese Reise durchlebt und betont, dass es für den Ehepartner entscheidend ist, sich um Unterstützung und Beratung zu bemühen – um nicht nur zu überleben, sondern an der Situation zu wachsen.

Wenn beide Partner Wunden mit sich herumtragen, müssen sie lernen, auf den Schmerz des anderen zu hören und ihn anzunehmen. Gerade in den ersten Tagen kann das für den verwundeten Ehepartner sehr schwierig sein. Schließlich will er oder sie jetzt keine «Ausreden» für die sexuelle Sünde hören. Da es aber für diese Ehepartner ebenso schwer ist, sich ihrem eigenen Schmerz zu stellen, kann es eine Weile dauern, bis sich ein gegenseitiger Austausch entwickeln kann.

Nach unserer Erfahrung sehen sich viele Therapeuten durch diese Dynamik veranlasst, zu empfehlen, dass das Paar eine Weile lang nicht miteinander redet. Eine weitere häufige Empfehlung lautet, dass beide zunächst nur in die Einzeltherapie gehen und nicht zusammen kommen. Es kann auch passieren, dass Therapeuten eine vorübergehende Trennung empfehlen, um Zeit für die Heilung zu geben.

Aus unserer Sicht besteht kein Zweifel an der Notwendigkeit von Einzeltherapien und von Grenzziehungen in Bezug auf das, worüber die Paare sprechen. Aber Paare brauchen von Anfang an auch Beratung, um zu erkennen, wie viel sie reden sollen, was sie zu erwarten haben und wie viel sie den Kindern und anderen sagen, um den Prozess der gegenseitigen Verständigung schon jetzt zu beginnen. Eine Trennung kann notwendig sein, wenn die Gefahr eines Missbrauchs besteht. Natürlich ist es viel schwieriger, weiterhin unter einem Dach zu leben und sich entsprechende Grenzen und Freiräume zu schaffen. Zum Beispiel kann dem verletzten Partner jeder Kontakt zu dem anderen Partner zuwider sein, und auf solche Gefühle muss sorgfältig eingegangen werden.

Wir glauben, dass der Heilungsprozess seinen Lauf nehmen kann, wenn das Paar drei wesentliche Wege der Heilungsarbeit einschlägt. Der Ehemann und die Ehefrau brauchen jeweils einzeln Beratung und Unterstützung (das sind die ersten beiden Wege). Ebenso braucht das Paar gemeinsam Beratung und Unterstützung für seine Beziehung (das ist der dritte Weg). In dem Zwölf-Schritte-Programm «Recovering Couples Anonymous» (RCA) wird dies durch einen dreibeinigen Hocker symbolisiert. Fehlt eines der drei Beine, wird der Hocker umfallen.

In Kapitel 7 haben wir es bereits dargestellt: Ein Aspekt der Heilung von einem Trauma besteht darin, dass die betroffene Person einen «ehrlichen Zeugen» braucht. Das heißt, sie braucht jemanden, der ihr zuhört und ihren Schmerz versteht. Es ist offensichtlich sehr wichtig, dass beide Ehepartner füreinander zu «ehrlichen Zeugen» werden. Das bedeutet, dass sie einen sicheren Ort brauchen, wo sie sich gegenseitig ihre Sicht der Dinge anhören und damit beginnen können, einander zu verstehen. Eine wirksame Therapie in der ersten Zeit beinhaltet auch, Orte zu finden, wo das geschehen kann.

Nach unserer Erfahrung kommt es oft vor, dass zwei Ehepartner, die glauben, einander genau zu kennen, sich in Wirklichkeit überhaupt nicht kennen. Wie könnten sie auch, wenn die Information, die mitgeteilt werden muss, jetzt erst entdeckt wird? Das kann eine lange, schmerzhafte Reise sein, aber wir haben erlebt, wie bewegend und heilsam es für zwei Menschen sein kann, sich zum ersten Mal *wirklich* kennen zu lernen.

Wenn zwei Partner sich gegenseitig über ihren Schmerz austauschen, hört der Schmerz auf, nur «mein» Schmerz zu sein, und wird zu «unserem» Schmerz. Wenn zum Beispiel einer der Partner als Kind sexuell missbraucht wurde, richtet sich dieser Missbrauch auch gegen den anderen Partner, weil er oder sie in der Ehe die Auswirkungen zu spüren bekommt. Der Schmerz desjenigen, der sexuell missbraucht wurde, wird indirekt zum Schmerz der Person, die er oder sie heiratet. Dies zu verstehen ist ein entscheidender Schritt. Ein Paar, das diesen Schritt tun kann, ist anderen Paaren in Sachen Intimität um Lichtjahre voraus.

Wie schon im letzten Kapitel angesprochen, müssen Paare, die nach Heilung streben, lernen, intimer miteinander zu sein. Diese Überzeugung ist uns so wichtig, dass wir Ihnen das Thema Intimität noch auf eine weitere Weise nahe bringen wollen. Und zwar mit einer Methode, mit der Sie sowohl sich selbst als auch Ihren Partner (und umgekehrt, wenn Sie beide mutig sind) im Blick darauf bewerten können, wie intimitätsfähig Sie beide als Paar sind.[3]

In dieser Übung wird der Begriff Intimität in sieben Komponenten aufgeteilt. In der Tabelle «Dimensionen der Intimität» finden Sie in der linken Spalte Merkmale gesunder Intimität, während die rechte Spalte einige Merkmale gestörter Intimität enthält.

In der Kategorie «Initiative» zum Beispiel ist eine Person, die auf gesunde Weise intim sein kann, in der Lage, auf andere zuzugehen. Sie riskiert es, ihre Anteilnahme auszudrücken (zum Beispiel, indem sie «ich liebe dich» oder «ich habe dich vermisst» sagt). Sie kann andere zu gemeinsamen Unternehmungen einladen. Sie kann mit anderen über Probleme reden und anderen gegenüber Wünsche und Bedürfnisse ausdrücken. Menschen, die in diesem Bereich Probleme mit Intimität haben, sind passiv und isoliert und unfähig, um das zu bitten, was sie brauchen. Sie nehmen eine Opferrolle ein (sie empfinden sich als weitgehend machtlos) und haben oft das Gefühl, dass niemand Anteil an ihnen nimmt.

Dimensionen der Intimität[4]

Gesunde Intimität	Gestörte Intimität
Initiative	
Eines der Merkmale gesunder Intimität ist die Fähigkeit, eine Beziehung zu beginnen oder auf andere zuzugehen. Dazu gehört, dass Sie ausdrücken, wie viel Ihnen an der Person liegt, dass Sie sich Zeit und Aufmerksamkeit von ihr wünschen und dass Sie sich zu der Person hingezogen fühlen (emotional, geistlich oder körperlich). Zur Initiative gehören auch die Fähigkeit, eine Person zur Teilnahme an gemeinsamen Unternehmungen einzuladen, und die Bereitschaft, über Ihre eigenen Probleme und Schwierigkeiten zu sprechen.	Die Unfähigkeit, auf andere zuzugehen und eine Beziehung zu beginnen, kennzeichnet gestörte Intimität. Stattdessen bleiben Sie passiv und distanziert. Bisweilen nehmen Sie eine Opferhaltung ein und geben anderen die Schuld an allem Schlechten, das Ihnen passiert. Vielleicht haben Sie auch das Gefühl, Sie würden vernachlässigt und seien dem hilflos ausgeliefert.
Präsenz	
Die Fähigkeit, anderen zu begegnen, zuzuhören und den Gedanken und Gefühlen anderer Aufmerksamkeit zu schenken, kennzeichnet gesunde Intimität. Sie können Ihre eigenen Reaktionen mitteilen. Ihr Gegenüber weiß, dass Sie in der Beziehung wirklich präsent sind.	Bei einer Intimitätsstörung lassen Sie Ihre Gefühle nicht heraus. Sie isolieren sich. Sie nehmen keine Aufmerksamkeit an und lenken vielleicht die Aufmerksamkeit von sich ab. Süchte und andere Verhaltensstörungen lassen Sie gegenüber Gefühlen abstumpfen und wirken abweisend auf andere.

Gesunde Intimität	Gestörte Intimität
Verlässlichkeit	
Zur gesunden Intimität gehört die Fähigkeit, Vereinbarungen abzuschließen, Transaktionen zu vollziehen, Auseinandersetzungen zu beenden und Probleme zu lösen. Sie können auf Bitten, Wünsche und die Anziehungskraft anderer reagieren, ohne sich in der Identität des anderen zu verlieren. Dazu gehört auch die Fähigkeit, Hilfe anzunehmen und «Danke» zu sagen.	Ohne gesunde Intimität neigen Sie dazu, Probleme zu übertreiben, anstatt sie zu lösen, Ausreden zu gebrauchen und anderen die Schuld an Ihren Problemen zu geben. Chronische Vielbeschäftigung und Arbeitsüberlastung dient Ihnen als Ausrede, um Arbeiten nicht abzuschließen. Sie halten Fragen offen und vermeiden eine abschließende Antwort.
Verwundbarkeit	
Verwundbarkeit ist die Fähigkeit, mitzuteilen, was Sie denken oder fühlen. Sie können über sich selbst mit anderen reden, auch über Ihre Probleme. Sie können um Hilfe bei der Lösung von Problemen bitten.	Bei gestörter Intimität behalten Sie Ihre Gedankengänge für sich, bitten nicht um Hilfe und führen vielleicht Selbstgespräche und debattieren ausschließlich mit sich selbst darüber, was zu tun ist.
Zuwendung	
Bei gesunder Intimität können Sie sich um andere kümmern, ohne eine Gegenleistung zu erwarten. Sie bringen anderen Empathie entgegen und können sie unterstützen. Sie machen Vorschläge und fühlen sich nicht abgewiesen, wenn diese nicht umgesetzt werden. Sie zeigen körperliche Zuneigung (Hände halten, umarmen) ohne sexuelle Bedeutung. Sie können auf bestätigende und hilfreiche Weise Feedback geben.	In Beziehungen, die auf gestörter Intimität aufbauen, fehlt Zuwendung. Sie kümmern sich um andere, um sie zu kontrollieren oder eine Gegenleistung zu bekommen. Sie bauen Ihr Selbstwertgefühl auf Ihrer Fähigkeit auf, sich um andere zu kümmern. Die Gefühle anderer können Sie nicht akzeptieren. Sie sind immer bemüht, die Gefühle Ihres Gegenübers abzutun. Körperliche Berührungen sind oft mit Hintergedanken wie Sex und Kontrolle verbunden.

Gesunde Intimität	Gestörte Intimität
Ehrlichkeit	
Zur gesunden Intimität gehört die Fähigkeit, klar zu äußern, was Sie glauben und empfinden, Zorn auf positive Weise auszudrücken, sowohl negative als auch positive Gefühle zu äußern und offen über Meinungsverschiedenheiten und Verstimmungen zu sprechen.	Gestörte Intimität ist unehrlich. Sie behaupten, keine tiefen Gefühle zu haben, verstecken Ihren Zorn, um keine Unruhe oder Konflikte zu schaffen, nutzen Zorn als Mittel, um die andere Person zu kontrollieren, teilen Ihre Überzeugungen, Einstellungen oder Wertvorstellungen nicht mit, lügen, um Anerkennung zu gewinnen, und meiden direkte Kommunikation, indem Sie andere einsetzen, um Ihre Botschaften weiterzugeben.
Spieltrieb	
Menschen mit gesunder Intimitätsfähigkeit sehen das Humorvolle im Leben und lachen gern. Sie setzen Energie für Aktivitäten ein, die nichts mit ihrer Arbeit zu tun haben, und suchen nach Möglichkeiten zum Spielen. Sie fühlen sich frei, Risiken einzugehen und neue Unternehmungen auszuprobieren, und sie haben Freude an Kindern. Sie zeigen die Fähigkeit, «an den Rosen zu schnuppern», einen Sonnenuntergang zu genießen und Gottes Schöpfung zu feiern. Sie spielen gern, auch wenn es kein Wettbewerb ist, und fühlen sich nicht schuldig, nur weil sie sich Zeit zum Spielen nehmen.	Bei gestörter Intimität sind Sie vielleicht zwanghaft vielbeschäftigt und verpassen bedeutende Ereignisse. Ihre Haltung ist ein grimmiges «Das Leben ist hart». Sie weigern sich, Neues auszuprobieren, ein Risiko einzugehen oder sich auf ein Abenteuer einzulassen. Sie lachen selten. Sie sind der Meinung, dass man Kinder sehen, aber nicht hören darf. Sie haben wenige oder gar keine Hobbys, es sei denn in zwanghafter, wetteifernder oder gewinnbringender Weise. Sie verstehen es nicht, mit einer anderen Person zusammen das Leben zu genießen.

Auf den Bewertungsskalen zur Intimität unten gilt die Skala auf der linken Seite für Sie, die auf der rechten Seite für Ihren Ehepartner. Schauen Sie sich zuerst die Kategorie «Initiative» in der Tabelle «Dimensionen der Intimität» an. Wenn Sie meinen, dass die Beschreibungen gesunder Intimität in dieser Kategorie vollkommen auf Sie zutreffen, geben Sie sich selbst eine 10. Finden Sie, dass die Merkmale einer gestörten Intimität voll zu Ihnen passen, geben Sie sich eine 1. Sollten Sie erkennen, dass Sie in dieser Kategorie sowohl gesunde als auch gestörte Merkmale haben, gilt für Sie ein Wert irgendwo zwischen 1 und 10 auf der Skala. Bewerten Sie hinterher Ihren Ehepartner auf dieselbe Weise.

Füllen Sie dann die übrigen Kategorien ebenso aus wie die erste, indem Sie sowohl sich selbst als auch Ihren Ehepartner in jedem Bereich bewerten. Wenn Sie fertig sind, haben Sie eine Tabelle, die für Sie selbst und Ihren Partner einen bestimmten Intimitätswert ausweist. Nachdem Sie und Ihr Partner beide diese Übung durchgearbeitet haben, tauschen Sie die Tabellen aus. Sprechen Sie auf der Grundlage der Ergebnisse über die Intimität in Ihrer Beziehung.

Bewertungsskalen für Intimität

Sie selbst	Ihr Partner
Niedrig 1 2 3 4 5 6 7 8 9 10 Hoch	**Niedrig 1 2 3 4 5 6 7 8 9 10 Hoch**
Initiative	
1 —————————— 10	1 —————————— 10
Präsenz	
1 —————————— 10	1 —————————— 10
Verlässlichkeit	
1 —————————— 10	1 —————————— 10
Verwundbarkeit	
1 —————————— 10	1 —————————— 10
Zuwendung	
1 —————————— 10	1 —————————— 10
Ehrlichkeit	
1 —————————— 10	1 —————————— 10
Spieltrieb	
1 —————————— 10	1 —————————— 10

Achten Sie wiederum darauf, wo und wie stark Ihre Bewertungen mit denen Ihres Partners übereinstimmen oder von ihnen abweichen. Sprechen Sie miteinander über den relativen Zustand der Intimität in Ihrer Ehe. Lassen Sie sich nicht entmutigen: Keine Ehe ist perfekt.

Diese Übung gibt Ihnen eine grobe «Landkarte» an die Hand, einen ersten Ausgangspunkt für das Gespräch. Die oben genannten Kategorien können Sie auch dazu anregen, darüber nachzudenken, an welchen Eigenschaften gesunder Intimität Sie zukünftig arbeiten möchten.

Vielleicht möchten Sie an einigen der Intimitäts-Dimensionen arbeiten, die für Sie ein Problem sind. Wenn es so ist, treffen Sie eine klare Entscheidung, an welchen Sie arbeiten und wie Sie jedes Problem angehen wollen. Zum Beispiel können Sie sich vornehmen, gemeinsam mit Ihrem Ehepartner Golf spielen zu lernen, um an der Kategorie «Spieltrieb» zu arbeiten. Finden Sie zuerst heraus, welche Schritte Sie gehen müssen, um diesem Bereich mehr Raum in Ihrem Leben zu geben. Das kann damit beginnen, dass Sie in den Gelben Seiten nachschauen, wo man Golf lernen kann. Oder damit, dass Sie in der Zeitung nach Anzeigen von Golfplätzen in Ihrer Nähe suchen. Erinnern Sie sich daran, dass Ihr Widerwille gegen Golf möglicherweise von peinlichen Kindheitserlebnissen herrührt. Oder vielleicht steckt irgendwo in Ihnen die Überzeugung, dass Sie bestimmt nie gut genug Golf spielen können, um mit Ihrem Partner mitzuhalten, und dass Ihr Partner Sie deshalb verlassen wird. Teilen Sie Ihrem Partner Ihre Gefühle mit, sobald sie Ihnen bewusst werden. Auch das ist eine Möglichkeit, in Ihrer Ehe mutig zu werden und Risiken einzugehen.

Vertrauen aufbauen

Die Intimitätsübung ist nur ein Beispiel für die Arbeit, die notwendig ist, um neue Formen der Kommunikation in Ihrer Ehe aufzubauen. Es gibt noch viele andere Wege zu lernen, wie man über Gefühle spricht, wie man spielt, wie man fair streitet und wie man gesunde Grenzen setzt. Bücher, Seminare und Organisationen können Ihnen dabei helfen. Machen Sie sich aber bewusst, dass diese Angebote nur bei manchen Aspekten eine Hilfe sein können, bei anderen dagegen vielleicht nicht. Hunderte von Paaren, die zu uns kommen, haben es mit Büchern, Workshops und Seminaren versucht, die letztlich nichts geholfen haben, weil auf ihre Kernverletzungen nicht eingegangen wurde. Gerade viele christliche Workshops, Bücher und Seminare sind eigentlich für Ehepaare gedacht, die im Grunde gut zurechtkommen und ihre Ehe einfach noch weiter verbessern wollen. Ein Paar dagegen, das mit Untreue konfrontiert ist, kommt an der harten und schmerzhaften Arbeit an der Heilung tiefer Wunden nicht vorbei.

«Hoffen wir aber auf etwas, das wir noch nicht sehen können, dann warten wir zuversichtlich darauf» (Römer 8,25).

In seinem Arbeitsbuch *Faithful and True* beschreibt Mark Laaser sieben Schlüssel zur Wiederherstellung des Vertrauens in einer Beziehung:[5]

1. Vertrauen ist auf Christus zentriert
2. Vertrauen ist verbindlich
3. Vertrauen ist ein Prozess
4. Vertrauen ist kommunikativ
5. Vertrauen ist beständig
6. Vertrauen ist rücksichtsvoll
7. Vertrauen verzichtet auf Kontrolle

---

1. Vertrauen ist auf Christus zentriert

Auf Christus zentriert sein heißt, dass Vertrauen das Heilige an einer Beziehung widerspiegelt. Die Bibel sagt uns, dass ein Mann und eine Frau *ein Fleisch* werden. Allerdings darf das nicht ihre Individualität verwischen, denn der Ehebund besteht sowohl aus den zwei Personen als auch aus der Beziehung zwischen ihnen. Paulus schreibt, dass die Beziehung zwischen einem Mann und einer Frau der Beziehung zwischen Christus und der Gemeinde ähnelt (Epheser 5). Christus gehört also in dieses «eine Fleisch» mit hinein.

Vielleicht bedeutet das, dass ein Mann und eine Frau eine christusähnliche Einstellung zueinander haben müssen: eine Haltung der Opferbereitschaft. Das beinhaltet etwas Heiliges. Ein Mann und eine Frau sind ein Fleisch. Sie bilden eine Einheit. Ihre Kinder nennen Sie «meine Eltern» – aus ihrer Sicht stellen Sie eine kollektive Einheit dar. Zwischen einem Mann und einer Frau findet in der Ehe eine mystische und geistliche Vereinigung statt. So hat Gott es eingerichtet. Der Wiederaufbau des Vertrauens beginnt damit, dass Ehepartner gemeinsam darum beten, dass sie wieder zu dieser heiligen Einheit werden und gemeinsam Christus feiern.

---

2. Vertrauen ist verbindlich

Manchmal müssen wir alle uns verbindlich zu etwas bereit erklären, bevor wir Lust bekommen, es zu tun. Wenn wir versuchen, Vertrauen aufzubauen, kann es sein, dass wir noch kein Vertrauen empfinden, aber wir können uns verbindlich bereit erklären, es zu versuchen. Wenn wir uns bewusst machen, dass eine Beziehung auf Christus zentriert ist, können wir den Willen aufbringen, dem anderen zu vertrauen. Das ist wichtig. Es signalisiert unserem Ehepartner, unseren Angehörigen oder Freunden, dass wir die emotionale und geistliche Anstrengung unternehmen werden, zu vertrauen. In den ersten Wochen und Monaten wird das ein Akt des Verstandes und nicht des Herzens sein. Es gibt Phasen, in denen wir so handeln müssen, als ob wir Vertrauen hätten, und uns zu Schritten verpflichten, die notwendig sind, um an unserer Beziehung zu arbeiten.

---

3. Vertrauen ist ein Prozess

Oft wünschen sich Leute, die sexuell gesündigt haben, dass ihre Ehepartner ihnen *sofort* wieder vertrauen, nachdem sie Buße getan haben. Vielleicht zitieren sie sogar Bibelstellen über Vergebung. Ist diese Forderung wirklich fair und angemessen? Nein. Beschädigte Emotionen und ein beschädigter Geist brauchen Zeit, um zu heilen. Mit Gottes Hilfe und viel Unterstützung werden sie das auch. Doch das ist ein *Prozess*, der sich über einige Zeit hinzieht. Zum einen müssen die unter uns, die Vertrauen beschädigt haben, sich bewusst machen, dass unsere Partner um einen Verlust trauern – nämlich den Verlust ihres Vertrauens. Und Trauern geht langsam.

Wenn unsere Kinder das Autofahren lernen und dann anfangen, sich allein ans Steuer unseres Autos zu setzen, vermitteln wir ihnen gewisse Grenzen. Dagegen werden unsere Kinder vielleicht protestieren und sagen: «Habt ihr denn kein Vertrauen zu mir?» Auch zu unseren Kindern haben wir eine Beziehung, in der Christus im Zentrum steht, und wir sind bestrebt, sie anzuleiten und zu schützen. Wir sind verpflichtet, ihnen zu vertrauen. Sie haben vielleicht auch nie etwas getan, womit sie unser Vertrauen enttäuscht hätten. Doch das Autofahren ist eine neue Erfahrung, und deshalb braucht es Zeit, um das Vertrauen aufzubauen. Nach und nach werden sie sich unser Vertrauen erwerben.

---

4. Vertrauen ist kommunikativ

Um Vertrauen aufzubauen, müssen Menschen miteinander kommunizieren. Wenige Dinge beschädigen Vertrauen so sehr wie das Gefühl, dass der andere nicht ehrlich ist. Sorgen Sie also dafür, dass Sie regelmäßig Zeit zum Reden haben, und finden Sie Wege, um Gefühle ehrlich auszudrücken. Denken Sie an die von Scham geprägte Kernüberzeugung, die sagt: «So, wie ich bin, kann mich überhaupt niemand mögen.» Manche von uns haben nach dieser Überzeugung gelebt, und sie hat uns dazu gebracht, die Wahrheit über manche Verhaltensweisen aus der Vergangenheit und Gegenwart zu verschweigen. Unsere Partner deuten diese Lügen und Auslassungen oft so, dass sie denken, wir würden sie nicht wirklich lieben – sonst würden wir ihnen ja die Wahrheit sagen.

Vertrauen zu entwickeln kann bedeuten, dass wir unseren Ehepartnern, Familienmitgliedern und Freunden von unserer Vergangenheit erzählen – und auch von unseren Sünden. Sicher, der Gedanke daran kann äußerst beängstigend und unangenehm sein. Wir haben Angst, diese Menschen zu verlieren. Aber fragen Sie sich einmal: «Will ich mir wirklich für den Rest meines Lebens den Kopf darüber zerbrechen, ob mein Ehepartner (oder Angehöriger oder Freund) sich angewidert von mir abwenden wird, wenn er oder sie *[Ihre Geschichte]* über mich herausfindet?»

Beachten Sie folgende Dinge, wenn Sie sich entschließen, die Wahrheit zu sagen:

- Sagen Sie niemals die Wahrheit, um einen anderen Menschen zu bestrafen, nach dem Motto: «Wenn du eine bessere Ehefrau wärst, hätte ich mich nicht in eine Liebesaffäre stürzen müssen. Jetzt erzähle ich dir alles darüber.» Das heißt nicht, dass Sie die Wahrheit verschweigen sollten, nur weil die andere Person dadurch verletzt werden wird. Entscheidend ist *Ihre Absicht*. Wenn Sie die Wahrheit sagen, um Intimität zu entwickeln und Vertrauen aufzubauen, kann diese Offenheit allerdings sehr heilsam sein.
- Sagen Sie niemals die Wahrheit, um andere zur Vergebung zu manipulieren, nach dem Motto: «Ich sage dir die Wahrheit, die ganze Wahrheit und nichts als die Wahrheit. Jetzt musst du mir vergeben, und wir müssen den Blick nach vorn richten.» Diese Strategie des «Vergebens und Vergessens» ist selbstsüchtig und nimmt keine Rücksicht auf den Schmerz des anderen und sein Bedürfnis, Zeit zum Heilen zu haben.
- Die andere Person sollte sich dadurch, dass sie die Wahrheit über die Vergangenheit hört, nie dazu verleiten lassen, diese Information zu benutzen, um den ehrlich Erzählenden zu bestrafen. Der Hörer sollte sein Wissen auch nicht zum Anlass nehmen, argwöhnisch auf Symptome zukünftigen sündigen Verhaltens zu lauern.

5. Vertrauen ist beständig

Vertrauen wird aufgebaut, wenn ein Verhalten über einen längeren Zeitraum hinweg beständig bleibt. Wenn Sie sagen, dass Sie ein bestimmtes sündiges Verhalten aufgeben wollen, müssen Sie in der Lage sein, das dauerhaft durchzuhalten. Im Zusammenhang mit Suchtverhalten nennt man das «trocken bleiben». Wenn Sie sich zu etwas verpflichten, zum Beispiel dazu, Ihr Eheversprechen einzuhalten, müssen Sie dies beständig und dauerhaft tun. Wir haben schon oft erlebt, wie Süchtige schnell bei der Hand waren, ihren Ehepartnern zu sagen: «*Jetzt* kannst du mir vertrauen.» Das ist ziemlich naiv. Wenn in Ihrer Vergangenheit Lügen, Täuschungen und diverse inkonsequente Verhaltensweisen eine Rolle gespielt haben, wie wollen Sie dann demonstrieren, dass Sie sich geändert haben? Nur dadurch, dass Sie in der Lage sind, es auf Dauer durchzuhalten.

In manchen Ehen zum Beispiel haben sich über Jahre hinweg Lügen breit gemacht. Es dauert zwar keine Jahre, um das Vertrauen wieder aufzubauen, aber es dauert bestimmt auch nicht nur ein paar Tage oder Wochen. Ein Verhalten, das beständig Buße, Demut und Korrektur an den Tag legt, wird mit der Zeit die Wunden heilen lassen. Beständigkeit gehört zu allen Verhaltensweisen. Wenn Sie sagen, dass Sie um sechs Uhr zum Essen kommen, dann seien Sie um sechs Uhr zu Hause. Halten Sie Ihre Versprechen. Tun Sie das, was Sie sagen. Wenn etwas dazwischenkommt, was Sie daran hindert, geben Sie eine Erklärung, die nicht nur aus selbstsüchtigen Ausreden oder Schuldzuweisungen besteht.

6. Vertrauen ist rücksichtsvoll

Wurde das Vertrauen in Ihrer Beziehung durch Ihr sündiges Verhalten verletzt, haben Sie Ihrem Partner Schaden zugefügt. Das hat mehrere Konsequenzen:

- Erwarten Sie nicht vom anderen, dass seine Wunden über Nacht wieder heilen.
- Rechnen Sie damit, dass gelegentliche neue Vorfälle diesen vergangenen Schmerz wieder auslösen.
- Seien Sie bereit, Ihrem Partner zuzuhören, wenn er seinen Schmerz äußert, egal, wie lange dieser schon zurückliegt.

David hatte vor Jahren eine Reihe von Affären. Er bekannte seine Schuld, tat Buße und war seither treu. Kathy hat ihm vergeben, und Davids beständiges Verhalten hat den beiden geholfen, neues Vertrauen aufzubauen. Eines Tages beobachtete Kathy, wie David sich in der Gemeinde mit einer attraktiven Frau unterhielt. Obwohl die beiden nur über belanglose Dinge sprachen, wurde Kathy dadurch an ihren vergangenen Schmerz erinnert. Verletzt und wütend stürmte sie aus dem Gemeindehaus.

Für David stehen nun zwei Reaktionen zur Wahl. Er kann wütend auf Kathy sein und sagen: «Vertraust du mir nach all den Jahren immer noch nicht? Du hast mich in Verlegenheit gebracht, indem du einfach so hinausgestürmt bist. Was du da gesehen hast, war völlig bedeutungslos.»

Oder er kann Kathy nachgehen und sagen: «Ich verstehe, dass es für dich schlimm ausgesehen haben muss, als ich mich mit dieser Frau unterhalten habe. Kannst du mir davon erzählen, was dich daran so verletzt hat? Wenn du möchtest, kann ich dir gern erklären, dass sich da nichts zwischen uns abgespielt hat.»

Welche Reaktion wäre wohl eher geeignet, Vertrauen aufzubauen?

David muss dazu bereit sein, immer wieder zu akzeptieren, dass eine Konsequenz seiner Sünde der Schaden ist, den er damit Kathy zugefügt hat. Auch wenn er sich noch so sehr wünscht, sie wäre nicht so verletzt, und auch wenn ihre Reaktion ihn sehr in Verlegenheit bringt, ist es nicht angebracht, wenn er mit Zorn und Unverständnis reagiert.

Indem Sie Rücksicht auf die Bedürfnisse und Emotionen Ihres Ehepartners, Ihrer Angehörigen oder Freunde nehmen, können Sie Vertrauen aufbauen.

7. Vertrauen verzichtet auf Kontrolle

Vertrauen aufzubauen ist ähnlich, wie gerettet zu werden. Wir übergeben Christus unser Leben und geben gewissermaßen die Kontrolle auf. Im Gegenzug empfangen wir Freude, Frieden und ewiges Leben. Ähnlich ist es mit dem Verzicht auf die Kontrolle über das Verhalten unserer Ehepartner, Angehörigen und Freunde. Wir können ihr Verhalten nicht kontrollieren, können sie nicht zwingen, uns zu lieben, oder sie daran hindern, sich zu versündigen. Sie müssen selbst motiviert sein, Liebe zu uns und eine bewusste Distanz zur Sünde aufzubringen. Wir müssen bereit sein, unsere Beziehungen zu verlieren, um sie zurückbekommen zu können. Das heißt, wir müssen unsere Partner in die Hände Gottes abgeben.

Das gilt für alle Beziehungen. Denken Sie an Gelegenheiten, wo Sie schon einmal jemanden loslassen mussten:

- Ihr Kind lernte laufen. Sie ließen seine Hände los.
- Ihr Kind kam in die Schule. Sie winkten ihm zum Abschied.
- Ihr Kind lernte Autofahren. Sie gaben ihm die Schlüssel.
- Ihr Kind heiratete. Sie gaben es «in andere Hände».

Erinnern Sie sich bewusst an die Freude und den Frieden, den Sie empfingen, als Sie von Christus gerettet wurden. Unterstellen Sie Ihr Leben von neuem Gott, und geben Sie auch Ihre Beziehungen an ihn ab.

Wir wissen, Vertrauen zu finden ist nicht einfach. Mit diesem simplen Fahrplan ist es nicht getan. Aber mit der Zeit kann es gelingen, Vertrauen wieder aufzubauen. Wir kennen viele Paare, die es geschafft haben. Letzten Endes ist Vertrauen Einstellungssache. Es beruht nicht auf einer kompletten Überwachung und Ermittlung seitens desjenigen, der durch die sexuelle Sünde des andern verletzt wurde. Es beruht nicht darauf, dass der Partner, der gesündigt hat, jetzt in einer Art Gefängnis sitzt und über jeden seiner Schritte Meldung machen muss. Es beruht auch nicht auf der Anwendung irgendeines Lügendetektor-

Tests, auch wenn in der klinischen Behandlung manchmal ein Polygraph eingesetzt wird, sei es zur Ermittlung der Wahrheit oder um neues Vertrauen aufbauen zu helfen. Vertrauen ist die Fähigkeit, jemandem in die Augen zu sehen, der demütig und ehrlich ist, und zu wissen, dass er oder sie die Wahrheit sagt. Vertrauen heißt loslassen. Es heißt, die Zukunft der Vorsehung Gottes zu überlassen.

Viele Ehepartner, mit denen wir reden, sagen uns, dass sie eigentlich gar nicht mehr viel darüber nachdenken, ob ihr Mann oder ihre Frau treu ist oder nicht. Sie haben inzwischen eine tiefere Intimität kennen gelernt. Das verschafft ihnen einen inneren Frieden und die Gewissheit, dass in ihrer Beziehung Treue herrscht. Würden ihre Ehepartner je wieder auf Distanz gehen, so würden sie sich vielleicht Sorgen machen. Der Schlüssel ist, immer emotional und geistlich in Verbindung zu bleiben.

Eine Vision entwickeln

Es gibt Hoffnung für alle unter Ihnen, die mit Untreue zu kämpfen haben. Wissen Sie, wie viele Ehepaare heute von sexueller Sünde und Zerbrochenheit betroffen sind? Sie sind nicht allein, wenn Ihnen diese Probleme zu schaffen machen. Wir möchten Ihnen Mut machen, die Gemeinschaft mit anderen zu suchen, die Ihre Geschichte nachvollziehen können. Wenn wir Gemeinschaft mit anderen finden, die ähnliche Schwierigkeiten haben, wird «unser Schmerz» zum gemeinsamen Schmerz einer Gemeinschaft von Menschen. Wo wir das erleben, werden wir erkennen, dass unser Schmerz der Schmerz der ganzen Menschheit ist.

Im nächsten Kapitel werden wir mehr dazu sagen, doch jetzt möchten wir nur die These aufstellen, dass Paare, die wissen, wie man von der Erfahrung sexueller Zerbrochenheit «zurückkehrt», und die ein neues Maß an tiefer Intimität gefunden haben, ihren Schmerz nutzen können, um zusammen mutigere und leistungsfähigere Partner im Dienst für Gott zu werden.

Partner im Dienst zu werden ist eine große Herausforderung. Als Mann und Frau, die gemeinsam zur geistlichen Reife hin wachsen, werden sie eine entscheidende Frage stellen: «Was möchte Gott, dass wir gemeinsam tun?»

Bob hatte in der Vergangenheit als Pastor Probleme mit Pornografie und anderen sexuellen Verhaltensweisen. Inzwischen ist er seit einigen Jahren «trocken», und seine Frau Ruth hat wieder neues Vertrauen zu ihm gefasst. Gemeinsam haben die beiden viele emotionale Probleme aufgearbeitet, und heute kennen sie sich besser als je zuvor. Bald wird Bob wieder einen Gemeindedienst übernehmen. Ruth ist Mutter und Lehrerin an einer Schule. Jetzt, wo der Umzug in ihre neue Gemeinde näher rückt, wird Ruth auf einmal über alle möglichen Kleinigkeiten wütend und weiß gar nicht, warum.

Ruth ist durch die sexuellen Sünden ihres Mannes verletzt worden. Weil er damals Pastor gewesen war, hatten diese sexuellen Sünden auch Auswirkungen auf ihren Glauben. Ihr Glaube und ihr Vertrauen in den geistlichen Dienst sind immer noch in vielen Aspekten, die ihr gar nicht bewusst sind, beschädigt. Bei der Aussicht, in die Rolle als Pastorenfrau zurückzukehren, ist sie sich nicht ganz sicher, ob sie dazu bereit ist. Lieber wäre ihr, wenn Bob bei seinem weltlichen Job bliebe, wo er sowieso mehr Geld verdient!

Solche Situationen haben wir oft miterlebt. Das Vertrauen eines Ehepartners in seiner oder ihrer Rolle als Partner im Dienst ist beschädigt. Bob und Ruth haben über seine Rückkehr in den geistlichen Dienst nie gesprochen. Bob ging einfach davon aus, dass das sein erlernter Beruf war, dem er wieder nachgehen wollte. Er fühlte sich von Gott berufen und hielt fest an Gottes Zusage in Philipper 1,6, dass Gott sein Werk in ihm vollenden würde. Bobs Denken hatte neu ausgerichtet werden müssen. Seine Heilung war ein starkes Symbol für Gottes Vergebung und für die Vergebungsbereitschaft anderer Menschen.

Das Hauptproblem ist, dass Bob und Ruth nie miteinander über das Pastorenamt gesprochen hatten. Sie hatten überhaupt noch nie zusammen gebetet oder in der Bibel gelesen. Jeder von ihnen hatte seine eigene Beziehung zu Gott, aber sie hatten keine *gemeinsame* Beziehung zu ihm. Nach unserer Überzeugung ist ein Ehepaar im geistlichen Dienst gefordert, seine gemeinsame Berufung zu finden. Wir verwenden das Wort «Vision», um herauszustellen, dass alle Ehepaare eine Richtung brauchen, der sie folgen. Sie müssen wissen, wohin sie unterwegs sind. Um die Bibel zu paraphrasieren: «Wenn keine Vision da ist, verwildert ein Ehepaar» (vgl. Sprüche 29,18. Elberfelder). Das Wort «Vision», «Gesicht» oder «Offenbarung» kommt in der Bibel oft vor. Große Führungspersönlichkeiten haben Offenbarungen. Die großen Visionen handeln davon, was Gott auf der Erde und im Leben von Menschen tun wird.

Ruth und Bob nahmen sich schließlich doch noch Zeit, über den Gemeindedienst zu sprechen. Dabei sagte Bob etwas sehr Wichtiges zu ihr: «Wir sind ein Ehepaar. Ich glaube, dass meine Berufung von Gott ist. Aber ich habe nicht immer Zutrauen zu mir selbst oder zu meiner Fähigkeit, Gottes Willen zu erkennen. Deshalb fände ich es gut, wenn du auch beten würdest, für dich und mit mir zusammen. Wenn du nicht genauso wie ich eine Berufung spürst, dann müssen wir gemeinsam Gottes Wegweisung für unser Leben suchen.» Damit gab Bob Ruth die Freiheit, Gottes Willen selbst herauszufinden. Er versuchte nicht, sie zu manipulieren oder seinen Willen durchzusetzen. Es endete damit, dass Ruth ihre Rolle als Partnerin im geistlichen Dienst neu annahm. Gemeinsam können sie nun eine Vision entwickeln, wie sie zusammen Gott dienen wollen.

Im nächsten Kapitel, das von der geistlichen Dimension gesunder Sexualität handelt, wollen wir uns gründlich damit befassen, wie sehr der ultimative Weg zur Freiheit von sexuellen Versuchungen darin besteht, dass wir geistlich zur Reife heranwachsen.

10.
Geistliche Heilung

Pastoren ebenso wie Gemeindeglieder sind oft frustriert und beschämt darüber, dass sie immer noch mit sexuellen Begierden und Versuchungen zu kämpfen haben. Obwohl sie um Heilung beten, hat Gott sie scheinbar nicht befreit. Wie wir bereits erörtert haben, sind Männer und Frauen, die Probleme mit Sex-Angeboten haben, ohnehin schon deprimiert und von Scham erfüllt. Ihre anhaltende Frustration verstärkt diese alten Gefühle. Viele werden zornig auf Gott. Ist er denn nicht der Gott, an den sie glauben und der Gebete erhört?

Als Pastoren haben wir die Erfahrung gemacht, dass unsere persönliche Zerbrochenheit zu einem tieferen Verständnis geführt hat, was es bedeutet, Gott wirklich zu vertrauen und unser Leben seinem Willen zu unterstellen. Dies ist der Weg von der Kopferkenntnis zur Herzenserkenntnis. Sie führt immer durch die Zerbrochenheit. Viele christliche Mitarbeiter, mit denen wir ein Stück des Wegs gegangen sind, haben durch Gottes Gnade, die in Vergebung und Heilung sichtbar wurde, zu einem tieferen Glauben gefunden. Das Bedauerliche ist, dass oft erst ein Weckruf kommen muss, ein «großer Knall», damit wir die tiefere Bedeutung mancher Bibelverse und mancher theologischen Aussagen erfassen.

In 2. Korinther 12,7–10 schreibt Paulus Folgendes:

> Gott selbst hat dafür gesorgt, dass ich mir auf die unbeschreiblichen Offenbarungen, die ich gesehen habe, nichts einbilde. Deshalb hat er mir ein quälendes Leiden auferlegt. Es ist, als ob ein Engel des Satans mich mit Fäusten schlägt, damit ich nicht überheblich werde. Dreimal schon habe ich Gott angefleht, mich davon zu befreien. Aber er hat zu mir

> gesagt: «Meine Gnade ist alles, was du brauchst! Denn gerade wenn du schwach bist, wirkt meine Kraft ganz besonders an dir.» Darum will ich vor allem auf meine Schwachheit stolz sein. Dann nämlich erweist sich die Kraft Christi an mir. Und so trage ich alles, was Christus mir auferlegt hat – alle Misshandlungen und Entbehrungen, alle Verfolgungen und Ängste. Denn ich weiß: Gerade wenn ich schwach bin, bin ich stark.

Geistliche Reife und Heilung von sexueller Begierde und Versuchung beginnt mit diesem letzten Satz von Paulus: «Gerade wenn ich schwach bin, bin ich stark.» Bill Wilson, der Mitbegründer der Anonymen Alkoholiker, erkannte diese geistliche Wahrheit, als er den ersten der zwölf Schritte der AA niederschrieb: «Wir gaben zu, dass wir dem Alkohol gegenüber machtlos sind – und unser Leben tatsächlich nicht mehr meistern konnten.»

Wir werden niemals durch unsere eigene Kraft gerettet oder geheilt. Das geschieht nur durch Gottes Liebe und Barmherzigkeit. Unsere eigenen Schwächen zu erkennen ist der einzige Weg, wie wir unser Bedürfnis, unser Leben selbst zu kontrollieren, loslassen können. Nur so können wir unseren Stolz und unser Bedürfnis nach Anerkennung loslassen. Oft ist es die Demut, die wir aus unserer Zerbrochenheit gewinnen, welche es uns erst möglich macht, Gott wirklich zu kennen und ihm zu vertrauen.

Unsere Erfahrung ist auch, dass wir, indem wir uns zu der Zerbrochenheit unserer eigenen Lebensgeschichte bekennen, anderen Menschen nahe kommen. Kürzlich war bei einem Workshop für Frauen, die mit sexueller Sucht kämpfen, eine katholische Nonne unter den Teilnehmerinnen. Sie war 65 Jahre alt und hatte bereits ihr ganzes Leben lang Probleme mit sexueller Sünde. Während ihres langjährigen Dienstes für die Kirche hatte sie sexuelle Beziehungen zu mindestens fünfzehn Priestern gehabt. Sie war vollkommen zerbrochen, als sie uns ihre Geschichte erzählte. Nach dem Workshop teilten die teilnehmenden Katholiken und Protestanten aus den verschiedensten Denominationen die Kommunion miteinander. Hinterher erzählte uns die Nonne: «Das war das erste Mal, dass ich das Gefühl hatte, wirklich den Leib und das Blut Christi zu erleben.»

Eine erstaunliche Aussage für eine Frau, die aus einer religiösen Tradition kommt, der zufolge nur ein Priester die Kommunion zelebrieren darf. Es war keine Kraft, die ihr diese Erfahrung bescherte. Es war Schwäche. Es war die Gemeinschaft von Sündern, die gemeinsam den Leib und das Blut Christi «erlebten».

In letzter Zeit haben uns Jesu Worte in Matthäus 11,28–30 sehr zu denken gegeben: «Kommt alle her zu mir, die ihr euch abmüht und unter eurer Last leidet! Ich werde euch Ruhe geben. Lasst euch von mir in den Dienst nehmen, und lernt von mir! Ich meine es gut mit euch und sehe auf niemanden herab. Bei mir findet ihr Ruhe für euer Leben. Mir zu dienen ist keine Bürde für euch, meine Last ist leicht.»

Was meint Jesus wohl damit, wenn er sagt, dass wir Ruhe finden werden, wenn wir uns von ihm in den Dienst nehmen lassen? Seine Bürde, die Erlösung der Welt, scheint nicht besonders leicht gewesen zu sein. Seine Schmerzen und sein Leiden haben auf den ersten Blick nichts Tröstliches. Als Mensch erfuhr er den ganzen Schmerz der Welt. Im Garten Gethsemane quälte ihn der Schmerz des Todes. Er erlebte die Einsamkeit, von seinen Jüngern verraten und verleugnet zu werden. Am Kreuz empfand Jesus in einem erschütternden Moment, dass Gott ihn verlassen hatte. Aus der Tiefe seines Todes heraus errang er dann aber den Sieg in der Auferstehung.

Die Last Jesu auf sich nehmen heißt, zu verstehen, dass wir alle den Schmerz der Einsamkeit, der Verlassenheit und des Todes erfahren. Wenn wir glauben, dass Schmerz und Einsamkeit nur uns allein betreffen, kann uns das sehr depressiv und zornig werden lassen. Glauben wir aber, dass wir damit nicht allein sind und dass in Christus sogar Gott selbst diesen Schmerz versteht, dann wird die Last viel leichter.

In einem Workshop erzählte einer der teilnehmenden Pastoren der Gruppe Einzelheiten aus seiner Geschichte, die er noch nie zuvor preisgegeben hatte. Danach sagte er, er fühle sich, als sei eine Last von ihm genommen worden. Es war die Last jahrelangen Schweigens. Die Bürde war leichter geworden. Er fand Trost, indem er sich mitteilte.

Befreiung von Pornografie und anderen sexuellen Sünden ist für diejenigen möglich, die geistlich und emotional zerbrochen sind und das auch zugeben – vor sich selbst, vor Gott und anderen Menschen. Die Mühseligen und Beladenen, die Verängstigten und die Einsamen können befreit werden. Befreiung ist aber nicht für die erreichbar, die meinen, es allein schaffen zu können. Wir alle brauchen Gott und einander. Deshalb ist es unerlässlich, dass wir auf dem Weg zur Heilung mehr Gemeinschaft mit Gott und miteinander haben. Bisweilen werden wir allein und bisweilen in Gemeinschaft mit anderen Menschen Zeit mit Gott verbringen wollen.

Im ersten Kapitel haben wir das Stadium der sexuellen Sucht beschrieben, in dem jemand ein Ritual vollzieht, um sexuelle Abwege zu beschreiten. Diese Rituale können sehr kreativ sein und jeden Tag Stunden in Anspruch nehmen. Wenn wir auch nur einen Teil dieser Zeit mit geistlichen Ritualen oder Übungen verbringen würden, so würden wir Gott mit Sicherheit näher kommen.

In Kapitel sechs sprachen wir über die Rolle der Fantasie bei der sexuellen Sünde. Wir glauben, dass alle Fantasien Versuche sind, emotionale und geistliche Wunden zu heilen. Sie sind die Vorstellungen, die wir uns davon machen, wie romantische und sexuelle Begegnungen als Ersatz für echte Intimität mit Gott dienen können. Um den Fantasien entgegenzuwirken, müssen wir Wege finden, unsere Gedanken auf das «ewige Unsichtbare» zu richten. Eine passende Bezeichnung dafür ist das Wort «Vision».

Im letzten Kapitel war davon die Rede, dass Paare eine gemeinsame Vision entwickeln müssen. Wir glauben, dass wir alle ein Ziel, eine Berufung und eine Richtung in unserem Leben brauchen. Eine Vision ist ein geistiges Bild von einer wünschenswerten Zukunft. Sie ist ein Bild von dem Ort, an den Gott uns bringen möchte. Sie ist eine Berufung.

Wie viele von uns haben Mühe damit, zu erkennen, worin sie besteht! Viele von uns haben nie wirklich Frieden gefunden über die Richtung, die wir im Leben eingeschlagen haben. Stattdessen stolpern wir dahin und reagieren auf Dinge, die uns passieren. Wir werden wütend auf uns selbst und andere, weil es uns scheint, als ob wir niemals vorwärts kommen. In der Geschichte *Alice im Wunderland* kommt Alice an eine Weggabelung. «Welchen Weg soll ich einschlagen?» fragt sie. Daraufhin wird sie gefragt: «Wo willst du denn hin?» Sie antwortet: «Das weiß ich nicht.» Darauf bekommt sie die Antwort: «Dann bringen dich beide Wege dorthin.»

Wir haben festgestellt, dass Menschen, die über sexueller Sünde zerbrochen sind, oft eine große Chance haben, Gottes Willen für ihr Leben zu erkennen. Vielleicht erleben sie den Schmerz, eine Stellung nach der anderen zu verlieren und möglicherweise gar nicht in ihren Beruf zurückkehren zu können. Aber gerade dieser völlige Zusammenbruch kann ihnen die Freiheit verschaffen, Gottes Willen wirklich zu erkennen. All die Vorstellungen davon, was ihrer Meinung nach von ihnen erwartet wird, sind dahingeschmolzen. Jetzt sind sie frei dafür, wirklich Gottes Wegweisung zu erkennen. Natürlich müssen sie über das, was sie verloren haben, trauern. Aber zugleich können sie die große Freiheit finden, zu wissen, dass es noch andere mögliche Richtungen gibt, die sie einschlagen können.

Wir erwähnten bereits die Geschichte des jüdischen Volkes in 4. Mose 13 und 14. Angesichts des bevorstehenden Einzugs in das verheißene Land, das sie noch nie gesehen hatten, bekamen die Israeliten kalte Füße wegen der Aussicht, von «Riesen» verschlungen zu werden (siehe 13,32–33). Lieber wollten sie nach Ägypten in die Sklaverei zurückkehren. Ihre einzige Vision von dem Ort, wo sie hingehen sollten, war von Ängsten durchsetzt. Doch schließlich führte Josua, ein Mann, der Glauben und eine Vision hatte, sie doch noch in das Land.

Oft fällt es uns schwer, eine Vision von Gottes Willen für unser Leben zu finden, weil uns die Erfahrung fehlt, um auch nur zu ahnen, wonach wir Ausschau halten sollen. In der Geschichte des jüdischen Volkes ist der springende Punkt, dass es einen Führer, einen Propheten, einen Wegweiser brauchte. Wir möchten Ihnen Mut machen, solche Menschen in Ihrem Leben zu finden. Das sind Leute, zu denen Sie aufschauen, bei denen Sie sich sicher fühlen, denen Sie vertrauen und von denen Sie inspiriert werden. Vielleicht sind es Leute, die dasselbe durchgemacht haben wie Sie und Ihnen auf dem Weg schon ein Stück voraus sind.

Das Wort Vision bezieht sich auch auf das Angesicht Gottes. Wir müssen «sehen», dass Gott der einzige Vater ist, der uns wirklich geben kann, was wir brauchen. In unserer emotionalen und geistlichen Einsamkeit entdecken wir, dass unsere menschlichen Eltern, Ehepartner und Freunde uns niemals genug Liebe und Zuwendung geben können, um die tiefen Leerräume in unserem Innern auszufüllen. Auf dem Weg zur Heilung sind wir bemüht, Intimität und Gemeinschaft zu finden. Doch letzten Endes wissen wir, dass nur eine größere Abhängigkeit von Gott uns den Frieden bringen kann, ihn als «*Abba*, lieber Vater» zu kennen.[1]

Auf der Suche nach Ihrer Vision, Ihrer Berufung und Richtung werden Sie vielleicht feststellen, dass gerade Ihr Schmerz Ihnen ein Wegweiser ist. Sie fangen an, einen Sinn darin zu erkennen. Sie sind gewachsen. Sie haben erfahren, dass Freundschaften, Ihre Familie und Ihre Gemeinschaft wichtiger sind als Karriere, Geld, Status und Macht. Es mag ein Tag kommen, an dem Ihnen klar wird, dass Sie das, was Sie durchgemacht haben, gegen nichts auf der Welt eintauschen würden. Sie beginnen zu begreifen, dass es Ihr Schmerz ist, der Sie entdecken ließ, was wirklich wichtig ist. Und dann gehen Sie vielleicht auf die Suche nach Möglichkeiten, auch anderen zu helfen, den Frieden kennen zu lernen, den Sie jetzt erfahren. Paulus schreibt zu Beginn seines zweiten Briefes an die Korinther:

> Gepriesen sei Gott, der Vater unseres Herrn Jesus Christus, der Vater voller Barmherzigkeit, der Gott, der uns in jeder Not tröstet! In allen Schwierigkeiten ermutigt er uns und

> steht uns bei, so dass wir auch andere trösten können, die wegen ihres Glaubens leiden müssen. Wir trösten sie, wie Gott auch uns getröstet hat. Weil wir Christus gehören und ihm dienen, müssen wir viel leiden, aber in ebenso reichem Maße erfahren wir auch seine Hilfe. Deshalb kommt es euch zugute, wenn wir leiden; und wenn wir ermutigt werden, dann geschieht auch das zu eurem Besten. Das gibt euch Kraft, die gleichen Leiden wie wir geduldig zu ertragen (1,3–6).

Aus diesem Grund glauben wir, dass Pastoren und andere christliche Mitarbeiter, die geistliche Befreiung von sexueller Sünde und Sucht gefunden haben, in ihrem Dienst umso effektiver werden können. Sie sind in der Lage, andere zu trösten und ihnen wachsen zu helfen, so wie auch sie selbst getröstet wurden und gewachsen sind.

Diese Tatsache hat besondere Bedeutung für die Frage der Rückkehr in den Dienst. Viele Kirchen und Gemeinden schließen Pastoren, die «gestrauchelt» sind oder sexuelle Sünden begangen haben, von jedem weiteren aktiven Dienst aus.

Wir glauben, dass wir hier differenzierter vorgehen müssen. Der geistliche Schlüssel zu der Frage, ob ein Pastor oder Mitarbeiter seinen Dienst wieder versehen kann, ist die Demut der betreffenden Person. Wenn ein Mitarbeiter nach seinem innerlichen Zerbrechen demütig geworden ist, kann er in seinem Dienst viel effektiver werden als zuvor. Wenn die Demut es dieser Person möglich macht, Hilfe zu suchen und beständig Rechenschaft zu geben, wird bei ihr die Wahrscheinlichkeit, dass sie wieder sexuell sündigt, erheblich geringer sein als im Durchschnitt. Demut und Zerbrochenheit sind zwei Schlüssel zur Sicherheit.

In manchen Situationen jedoch kann selbst ein solcher Mitarbeiter nicht sofort wieder in den Dienst eingesetzt werden. Es kann sein, dass es den zuständigen Stellen einer Kirche oder Gemeinde juristisch nicht freisteht, jemanden wieder einzusetzen, der ein Gemeindeglied sexuell missbraucht hat. Denn es muss immer das Risiko einkalkuliert werden, dass ein Mitarbeiter oder eine Mitarbeiterin neuerlich ein sexuelles Fehlverhalten begeht. Wenn dann die Vorgesetzten von der Vorgeschichte wussten und es zu einem neuen Missbrauch kommt, fällt die Verantwortung auf die ganze Kirche zurück, auch in juristischer Hinsicht. Viele Kirchen, Gemeindeverbände und religiöse Organisationen sehen durch diese juristischen Bedingungen ihre Hände gebunden.

Für uns jedoch ist die relevantere Frage, welche positiven Gründe es geben kann, aus denen es für einen Pastor oder Mitarbeiter wichtig sein könnte, zumindest für einige Zeit nicht in den aktiven Dienst zurückzukehren.

Erstens gibt eine zu rasche Rückkehr in den Dienst dem oder der Betreffenden vielleicht nicht genug Zeit, um emotional heil zu werden und geistlich zu wachsen. Ein aktiver christlicher Mitarbeiter wird bald anfangen, sich mehr mit den Bedürfnissen anderer Menschen als mit seinen eigenen zu beschäftigen.

Außerdem brauchen die Betroffenen viel Aufmerksamkeit für ihre Familien. Ehepartner von Pastoren und anderen Mitarbeitern, die gestrauchelt sind, werden oft vernachlässigt, wenn ihre Männer bzw. Frauen zu rasch in den Dienst zurückkehren. Von den Ehepartnern wird dann erwartet, dass sie vergeben und vergessen und den Blick nach vorne richten. Damit wird ihnen die Möglichkeit verweigert, ihren eigenen Zorn und ihre Verletzungen zu verarbeiten.

Natürlich brauchen auch die Kinder Aufmerksamkeit. Wer sich zu schnell in den Dienst stürzt, nimmt sich vielleicht nicht die notwendige Zeit für die Heilungsreise.

Zweitens kann es sein, dass eine Rückkehr in den Dienst unfair gegenüber denjenigen ist, die durch sexuellen Missbrauch Schaden erlitten haben. Das Wissen, dass ein Leiter, der einen Missbrauch begangen hat, nun wieder im Dienst ist, kann für das Opfer eine erneute Schädigung sein. Es kann Erinnerungen auslösen, die die erlittenen Verletzungen neu aufbrechen lassen. Opfer eines Missbrauchs durch einen Pastor oder eine Pastorin sowie deren ganze Gemeinde brauchen Zeit für die Heilung. Wenn der oder die Betreffende schnell wieder in den Dienst zurückkehrt, könnten diejenigen, die verletzt wurden, dies unter Umständen so auffassen, dass ihre Wunden nicht ernst genommen wurden.

Drittens haben gerade viele Pastoren und Pastorinnen mit ihrer Rolle ebenso große Schwierigkeiten wie mit sexueller Sünde. Vielleicht versuchen sie durch ihre Rolle Bestätigung zu gewinnen. Sie sind abhängig von dem Status, den ihre Rolle ihnen verschafft. Vielleicht waren selbstsüchtige Motive bei ihrer Berufswahl im Spiel. Eine Zeit abseits vom aktiven Dienst kann ihnen helfen, ihre Berufung und ihre Einstellung zum Dienst zu überprüfen.

Trotz alledem glauben wir, dass eine Rückkehr in den geistlichen Dienst für alle, die sexuell gesündigt haben, grundsätzlich möglich ist. Wir berufen uns auf Paulus' Worte in Philipper 1,6: «Deshalb bin ich auch ganz sicher, dass Gott sein Werk, das er bei euch begonnen hat, zu Ende führen wird, bis zu dem Tag, an dem Jesus Christus kommt.»

Wann ist ein Leiter oder eine Leiterin bereit, in den Dienst zurückzukehren und nicht wieder sexuell zu sündigen? Wir alle stehen in der Gefahr, sexuelle Sünden zu begehen, wie unsere Vorgeschichte auch sein mag. Darum glauben wir, dass jeder Pastor oder Gemeindemitarbeiter Menschen um sich haben sollte, die nachfragen und denen er Rechenschaft geben kann.

Im Folgenden finden Sie eine kurze Liste von Faktoren, die für eine solche Rechenschaft wichtig sind und Sicherheit vermitteln können:

1. **Demut.** Das bedeutet, dass Mitarbeiterinnen und Mitarbeiter ehrlich zu sexuellen Sünden in ihrer Vorgeschichte stehen, wenn auch vielleicht nicht vor der ganzen Gemeinde. Zumindest die Gemeindeleitung sollte aber über alle Probleme Bescheid wissen.

2. **Zerbrochenheit.** Ein zerbrochener Pastor oder Mitarbeiter wird denen, die er geschädigt hat, Wiedergutmachung leisten wollen. Manchmal kann das unmittelbar geschehen, manchmal nicht. «Wiedergutmachung» kann schlicht und einfach darin

bestehen, dass man Verhaltensweisen ändert, so dass sich sündiges Verhalten nicht wiederholt. «Zerbrochen» bedeutet, dass man bereit ist, sich zu ändern und das Nötige zur Heilung zu tun. Außerdem bedeutet «Zerbrochenheit» die Bereitschaft, die eigene Begierde und Selbstsucht aufzugeben.

3. **Gemeinschaft.** Christliche Mitarbeiter brauchen *intime* Gemeinschaft – nicht nur mit einer Person, sondern mit einer Gruppe von Menschen. Sie müssen herausgelöst werden aus der Isolation.

4. **Rechenschaft.** Christliche Mitarbeiter sollten in einem schriftlichen Plan festhalten, wie sie von sexueller Sünde frei bleiben wollen. Dazu müssen sie sich ihre Rituale und sexuellen Entgleisungen bewusst machen. Der Plan sollte Abwehrmaßnahmen zur Vermeidung von Sünde und vorbeugende Maßnahmen für die geistliche und emotionale Gesundheit enthalten. Die verschiedenen wichtigen Aspekte für die Rechenschaft haben wir in Kapitel sechs erörtert.

5. **Geistliches Leben.** Christliche Mitarbeiter sollten in einen Prozess der geistlichen Wegweisung und Jüngerschaft eingebunden sein, in welchem sie ihre aktiven Schritte für das Wachstum in der Nähe zu Gott demonstrieren können. Sie sollten auf der Suche nach ihrer Vision und ihrer wahren Berufung sein.

6. **Ehe.** Ein Ehepaar im geistlichen Dienst sollte erkennen lassen, dass beide Partner daran arbeiten, Heilung zu finden und in ihrer Ehe stärker zu «einem Fleisch» zusammenzuwachsen. In allen Fällen müssen sich beide Ehepartner gleichermaßen um Heilung bemühen.

Ein Leiter, der in den aktiven Dienst zurückkehren möchte, sollte ein Team von Leuten im Rücken haben, die ihn dabei unterstützen. Diese Leute beobachten, inwieweit der Betreffende im Blick auf die oben angeführten Faktoren gesunde

Eigenschaften an den Tag legt. Die Gruppe sollte sich regelmäßig treffen und über die Fortschritte des Leiters sprechen. Nach unserer Erfahrung haben Leute, die sich gegenüber einer solchen Gruppe verantworten, erheblich bessere Chancen, auf dem Weg der Heilung zu bleiben. Die Mitglieder dieser Gruppe werden alle unterschiedlich auf den Betreffenden reagieren. Wenn sie sich zum Gespräch treffen, werden sie dadurch eher in der Lage sein, gesunde Rechenschaft durchzusetzen.

Dieses Team sollte mindestens ein Jahr lang seinen Dienst tun. Hat der Pastor oder Mitarbeiter während dieser Zeit Treue sowie emotionale und geistliche Gesundheit bewiesen, kann er oder sie selbst entscheiden, ob er weiter Rechenschaft ablegen will. Im Grunde möchten wir alle, die ein Leitungsamt oder einen anderen geistlichen Dienst anstreben, ermutigen, einen solchen Plan umzusetzen, um möglichen Problemen vorzubeugen. Es ist ein Akt der Demut, uns bewusst zu machen, dass wir diese Art von Unterordnung unter eine Autorität brauchen. Viele Mitarbeiter wehren sich gegen die «Strenge» eines solchen Vorgehens und sehen ihre Privatsphäre dadurch erheblich verletzt. Nach unserer Auffassung jedoch ist die Verantwortung, die jemand übernimmt, der einen geistlichen Dienst anstrebt, so schwerwiegend, dass er oder sie bereit sein sollte, sich zu solcher Unterordnung zu verpflichten.

Im ersten Kapitel haben wir den Zyklus der sexuellen Sucht dargestellt, wie er zuerst von Patrick Carnes beschrieben wurde. Mark Laaser hat daraus einen «Zyklus der Gesundheit» entwickelt, in welchem statt der «ungesunden» Stufen des Suchtzyklus entsprechende «gesunde» Stufen eingesetzt sind. Auf der Seite 183 finden Sie eine schematische Darstellung dieses Zyklus.

Dieser gesunde Zyklus beginnt damit, dass ein Mensch Christus annimmt. Gott hat uns von unseren Sünden erlöst und unseren Schmerz auf sich genommen. Wir finden Heilung für unsere Emotionen in der Gemeinschaft derer, die zerbrochen und abhängig von Gott sind. Das gibt uns das Empfinden der Gnade Gottes. Wir unterstellen uns der vorsehenden Fürsorge Gottes. Die Gnade erzeugt in uns eine Vision davon, wohin wir wollen und wie wir Gottes Willen in unserem Leben folgen möchten. Wir sehen das Angesicht Gottes und wissen, dass der Vater uns alles geben kann, was wir brauchen. Die Vision verschafft uns die Energie, um gesunde Rituale und Disziplin zu praktizieren. Disziplin führt zu gesundem und treuem Verhalten. Wenn wir treu sind, erfahren wir Freude. Freude entfacht immer die Vision, so dass sich der Zyklus wiederholt.

Menschen, die den Zyklus der sexuellen Sünde durch den Zyklus der wachsenden Abhängigkeit von Gott zu ersetzen lernen, werden wahrhaft geborgen, gesund und in der Versuchung frei von sexueller Sünde sein.

Der «Zyklus der Gesundheit» (von Mark Laaser)

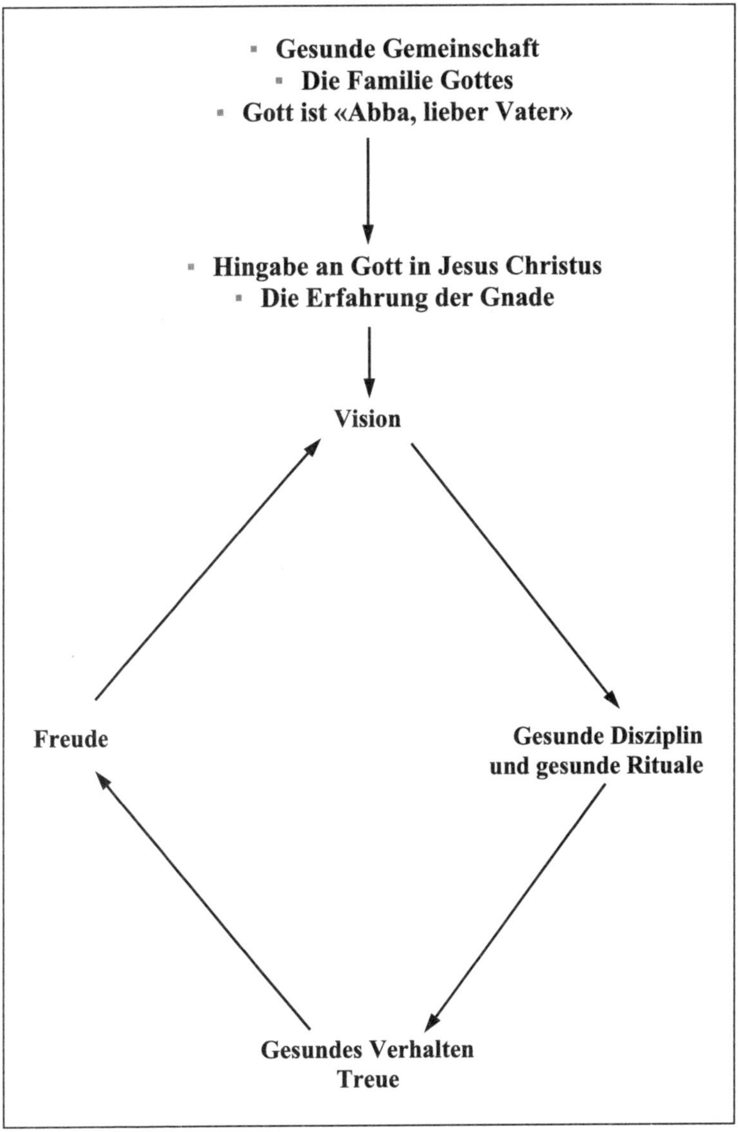

Anmerkungen

Kapitel 1

1. Sowohl Mark Laaser als auch Ralph Earle haben bereits Bücher über sexuelle Sucht veröffentlicht. Die Titel sind im Abschnitt «Weiterführende Hinweise» aufgeführt.
2. Patrick Carnes: *Out of the Shadows* (Minneapolis: Comp Care Press, 1984), S. 4.
3. Patrick Carnes: *Don't Call It Love* (New York: Bantam, 1991), S. 127.
4. Patrick Carnes: *Out of the Shadows*, S. 15.
5. Patrick Carnes: *Don't Call It Love*, S. 93.
6. Ebenda, S. 35. Carnes listet die Prozentsätze der Süchtigen auf, die zugleich an anderen schweren Süchten leiden.
7. Eine detailliertere Darstellung der in diesem Kapitel vorgenommenen Unterscheidungen findet sich bei Mark Laaser und Nils Friberg: *Before the Fall* (Collegeville, Minn.: Liturgical Press, 1998), oder Mark Laaser «Sexual Misconduct Among Clergy: Update and Treatment Options», in: «Review and Exposition 98», Nr. 2 (Frühjahr 2001).
8. John C. Gonsiorek (Hrsg.): *Breach of Trust* (Thousand Oaks, Calif.: Sage Publications, 1995), S. 145–54.
9. Glen Gabbard: «Psychotherapists who transgress Sexual Boundaries with Patients», in: *Breach of Trust*, S. 135–44.
10. Marie Fortune: «Clergy Misconduct: Sexual Abuse in the Ministerial Relationship», in: Workshop Manual (Seattle: Center for the Prevention of Sexual and Domestic Violence, 1992), S. 21.
11. Richard Irons und Katherine Roberts: «The Unhealed Wounder», in: *Restoring the Soul of the Church*, hrsg. von Mark Laaser und Nancy Hopkins (Collegeville, Minn.: Liturgical Press, 1995), S. 33–51.

Kapitel 2

1. Lesern, die sich für eine gründlichere Behandlung von Abgrenzungen und Familiensystemen interessieren, seien die Arbeiten von David Olson empfohlen, siehe z. B. Dean M. Gorall und David H. Olson: «Circumplex Model of Family Systems: Integrating Ethnic Diversity and Other Social Systems», in: *Integrating Family Therapy*, hrsg. von Richard H. Mikesell, Don-David Lusterman und Susan H. McDaniel (Washington, D.C.: American Psychological Association, 1995).

2. Siehe Mark Laasers Buch *Talking to Your Kids About Sex* (Colorado Springs: Waterbrook, 1999).

Kapitel 3

1. Mark Laaser: *Faithful and True. Sexual Integrity in a Fallen World* (Nashville: Lifeway Press, 1996), S. 171.
2. Siehe Ken Adams: *Silently Seduced* (Deerfield Beach, Fla.: Health Communication, 1991).

Kapitel 4

1. Die Beschreibung dieser Dimensionen stammt ursprünglich von Ginger Manley. Siehe ihren Artikel «Healthy Sexuality: Stage III Recovery», in «The Journal of Sexual Addiction/Compulsivity 2», Nr. 3 (1995), S. 157–83.

Kapitel 5

1. Theresa L. Crenshaw: *The Alchemy of Love and Lust* (New York: G.P. Putnam's Sons, 1996), S. 12.
2. Ed und Gaye Wheat: *Intended for Pleasure* (Old Tappan, N.J.: Fleming H. Revell Co., 1977), S. 40.
3. Patrick Carnes: *Sexual Anorexia. Overcoming Sexual Self-Hatred* (Center City, Minn.: Hazelden, 1997), S. 138.
4. Howard Clinebell: *Counseling for Spiritually Empowered Wholeness. A Hope-Centered Approach* (New York: Haworth Pastoral Press, 1995), S. 18.

Kapitel 7

1. Paxton Hibben: *Henry Ward Beecher. An American Portrait* (New York: Press of the Readers Club, 1942), S. 188–89.
2. Copyright 1988, Marilyn Murray.
3. Patrick Carnes: *The Betrayal Bond* (Deerfield Beach, Fla.: Health Communications, 1997), S. 26.

Kapitel 8

1. Ralph Earle: *Come Here, Go Away. Stop Running from the Love You Want* (New York: Pocket Books, 1991), S. 29–48.
2. Patrick Carnes: *The Betrayal Bond*, S. 86.
3. Brenda Schaeffer: *Is It Love or Is It Addiction?* (Center City, Minn.: Hazelden, 1997), S. 4.
4. Patrick Carnes, David L. Delmonico und Elizabeth Griffin: *In the Shadows of the Net. Breaking Free of Compulsive Online Sexual Behavior* (Center City, Minn.: Hazelden, 2001), S. 89.
5. Ebenda, S. 42.

6. David Delmonico, Elizabeth Griffin und Joseph Moriarity: *Cybersex Unhooked. A Workbook for Breaking Free of Compulsive Online Sexual Behavior* (Wickenburg, Ariz.: Gentle Path Press, 2001), S. 3.
7. David H. Olson und Amy K. Olson: *Empowering Couples. Building on Your Strengths* (St. Paul, Minn.: Life Innovations, 2000), S. 10.
8. «Interpersonal Communication Programs, Inc.», 30772 Southview Dr., Evergreen, CO 80439, USA. Kontaktpersonen sind Drs. Sherod und Phyllis Miller, 800-328-5099.
9. Patrick Carnes: *Don't Call It Love*, S. 308.

Kapitel 9

1. Patrick Carnes: *Don't Call It Love*, S. 109.
2. Wir hörten Laurie Hall, die Autorin des Buches *An Affair of the Mind*, diese Geschichte auf einer Konferenz erzählen.
3. Diese Übung stammt aus Mark Laaser, Deb Laaser und Patrick Carnes: *Open Hearts* (Wickenburg, Ariz.: Gentle Path Press, 1999).
4. Mark Laaser: *Faithful and True*, S. 63–65.
5. Mark Laaser: *Faithful and True*, S. 74–77.

Kapitel 10

1. Brennan Mannings Buch *Abba's Child* (Colorado Springs: NavPress Publishing Group, 1994) und Sandy Wilsons Buch *Into Abba's Arms* (Wheaton, Ill.: Tyndale House Publishers, 1998) sind großartige Quellen zu diesem Thema.

Weiterführende Hinweise und Quellen

Bücher

Adams, Ken: *Silently Seduced.* Deerfield Beach, Fla.: Health Communications, 1991.

Arterburn, Stephen: *Every Man's Battle.* Colorado Springs: Waterbrook Press, 2000.

Carnes, Patrick: *Out of the Shadows.* Center City, Minn.: Hazelden, 2001.

Ders.: *Facing the Shadow.* Wickenburg, Ariz.: Gentle Path Press, 2001.

Ders.: *Don't Call It Love.* New York: Bantam Books, 1991.

Carnes, Patrick, Laaser, Mark und Laaser, Debra: *Open Hearts.* Wickenburg, Ariz.: Gentle Path Press, 1999.

Carnes, Patrick, Delmonico, David L. und Griffin, Elizabeth: *In the Shadows of the Net.* Center City, Minn.: Hazelden, 2001.

Clinebell, Howard: *Well Being.* San Francisco: HarperSanFrancisco, 1992.

Crenshaw, Theresa L.: *The Alchemy of Love and Lust.* New York: G.P. Putnam's Sons, 1996.

Delmonico, David L., Griffin, Elizabeth und Moriarity, Joseph: *Cybersex Unhooked.* Wickenburg, Ariz.: Gentle Path Press, 2001.

Dobson, James: *Life on the Edge.* Dallas: Word Publishing, 1995.

Ders.: *Love Must Be Tough.* Waco, Tex.: Word Books, 1983.

Earle, Ralph: *Come Here, Go Away.* Phoenix: Tri Star, 2000.

Earle, Ralph und Crow, Gregory: *Lonely All the Time.* Phoenix, Ariz.: Tri Star Visual Communications, 1998.

Earle, Ralph und Earle, Marcus: *Sex Addiction,* New York: Brunner/Mazel, 1995.

Laaser, Mark R.: *Faithful and True. Sexual Integrity in a Fallen World.* Nashville: Lifeway Press, 1996.

Ders.: *Talking to Your Kids About Sex.* Colorado Springs: Waterbrook Press, 1999.

Laaser, Mark R. und Meyers Hopkins, Nancy (Hrsg.): *Restoring the Soul of a Church.* Collegeville, Minn.: Liturgical Press, 1995.

Laaser, Mark R. und Friberg, Nils: *Before the Fall.* Collegeville, Minn.: Liturgical Press, 1998.

London, H.B. und Neil B. Wiseman: *Pastors at Risk.* Wheaton, Ill.: Victor Books, 1993.

Lusterman, Don-David: *Infidelity*. Oakland, Calif.: New Harbinger Publications, 1998.
Murray, Marilyn: *Prisoner of Another War*. Berkeley, Calif.: PageMill Press, 1991.
Nouwen, Henri J.M.: *The Return of the Prodigal Son*. New York: Image Books, 1992.

Pfeifer, Samuel: *Internetsucht: Verstehen – Beraten – Bewältigen*, Seminarheft Klinik Sonnenhalde, 40 Seiten, ISBN 3-9522786-9-6

Roberts, Ted: *Pure Desire*. Ventura, Calif.: Regal Books, 1999.
Rutter, Peter: *Sex in the Forbidden Zone*. Los Angeles: Jeremy Tarche, 1989.
Schaeffer, Brenda: *Is It Love or Is It Addiction?* Center City, Minn.: Hazelden, 1997.
Schaumburg, Harry W.: *False Intimacy*. Colorado Springs, Colo.: NavPress 1997.
Schneider, Jennifer P. und Schneider, Burt: *Sex, Lies, and Forgiveness*. Center City, Minn.: Hazelden, 1990.
Willingham, Russ: *Breaking Free*. Wheaton, Ill.: InterVarsity Press, 1998.

Kassetten

Earle, Ralph und London, H.B.: «Pastors and Addiction», Focus on the Family, 1999.
London, H.B. in: «Pastor to Pastor Series»: «Dangers of the Internet», Focus on the Family, 2001.
Ders.: «Pastor to Pastor Series»: «Overcoming Sexual Addiction», Focus on the Family, 1994.